わかる、伝わる

旅コトバ帳 ✈

英語

成美堂出版

● もくじ ●

この本の構成と使い方　　　4

これだけは知っておきたい！
旅の英語 ■ 超基本フレーズ ■　　　6

1章　出発する　　　10

2章　移動する　　　24

3章　泊まる　　　44

4章　食べる　　　64

5章　買う　　　106

6章　見る・遊ぶ　　　158

超緊急！
旅のトラブル・フレーズ集　　　184

こんな場面で頼りになる

Oh, you have a great book!

素敵な店！入りましょ！

ボク、英語で注文できないんだモン…。

Sirloin, please.

WOW!

英語に悩まず、ハッピーな旅を！

英語が言えなくて、食べたいもの、買いたいものをガマンする海外旅行とは、もうサヨ～ナラ。本書を取り出して、単語や文を言ったり指し示したりするだけで、旅先で必要なコミュニケーションを図れます！

あなたに言ってほしかったことが全部載ってる！

見やすい！

読んだり見せたりすればいいの。

● この本の構成と使い方 ●

この本は、各章とも3つのパートで構成されています。

❶ よく使う単語
でシンプルに伝えるページ

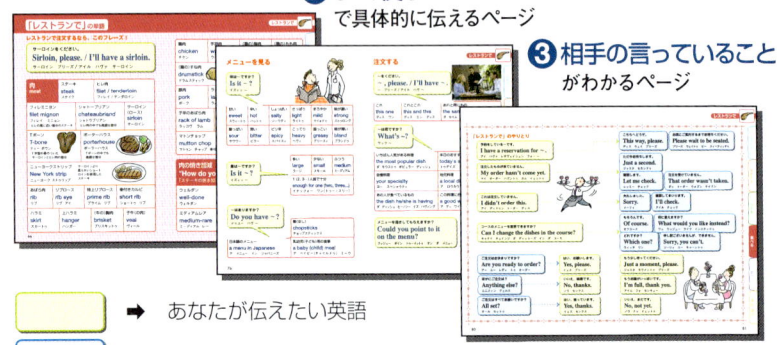

❷ よく使うフレーズ
で具体的に伝えるページ

❸ 相手の言っていること
がわかるページ

- 🟨 ➡ あなたが伝えたい英語
- 🟦 ➡ 相手があなたに伝えたい英語

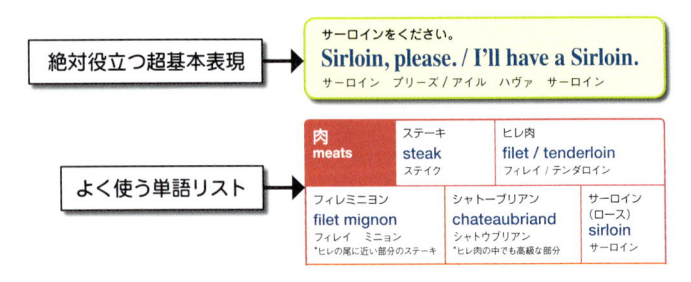

を示しています。

各パートの構成と使い方

＊レストランで注文する場面を例にしています。

❶ よく使う単語 でシンプルに伝えるページ

絶対役立つ超基本表現 ➡

サーロインをください。
Sirloin, please. / I'll have a Sirloin.
サーロイン　プリーズ / アイル　ハヴァ　サーロイン

よく使う単語リスト

肉 meats	ステーキ steak ステイク	ヒレ肉 filet / tenderloin フィレイ / テンダーロイン
フィレミニヨン filet mignon フィレイ　ミニョン ＊ヒレの尾に近い部分のステーキ	シャトーブリアン chateaubriand シャトウブリアン ＊ヒレ肉の中でも高級な部分	サーロイン (ロース) sirloin サーロイン

各場面でよく使う単語をリストアップ。これを見て、

- 自分の言いたい単語を言ったり指し示したりする
- 相手が言いたいことを指し示してもらう
- メニューや表示などを読むときの辞書にする

といった使い方ができます。

❷ よく使うフレーズ で具体的に伝えるページ

> 味は〜ですか？
> **Is it ~?**
> イズィッ〜

甘い	辛い	しょっぱい	さっぱり	まろやか	濃い
sweet	**hot**	**salty**	**light**	**mild**	**strong**
スウィートゥ	ハットゥ	ソーティ	ライトゥ	マイオドゥ	ストゥロング
酸っぱい	苦い	ピリ辛	こってり	脂っこい	薄い
sour	**bitter**	**spicy**	**heavy**	**greasy**	**bland**
サウワー	ビラー	スパイスィ	ヘヴィ	グリースィ	ブランドゥ

黄色の吹き出しは応用のきく「よく使うフレーズ」です。このフレーズと、下の単語などを組み合わせれば、言いたいことをより具体的に伝えられます。

> まだ食べています。
> **I'm still eating.**
> アイム スティル イーティング

> お会計をお願いします。
> **Check, please.**
> チェック プリーズ

← 右ページの下にあるこの囲みには、各場面で役立つひと言表現が載っています。

❸ 相手の言っていること がわかるページ

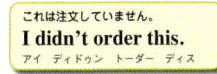

> これは注文していません。
> **I didn't order this.**
> アイ ディドゥン トーダー ディス

⇢

> 失礼しました。
> **Sorry.**
> ソーリィ

> 確認してまいります。
> **I'll check.**
> アイル チェック

各場面で想定されるやりとり（会話）をまとめたページです。言葉に出しても通じないときは、相手にこの本をそのまま見せましょう。

相手も、自分の答えや言いたいことを、ブルーの囲みに見つければ、指でさして伝えてくれるでしょう。

これだけは知っておきたい！
旅の英語
■ 超基本フレーズ ■

Hello.
ハロウ

まずは「あいさつ」

　お店に入ったとき、ホテルでチェックインしたりカギを預けたりするとき、入国審査のとき、あなたのお世話をしてくれる人には、まずは **Hello.** と言いましょう。

Excuse me.
イクスキューズ　ミー

声をかけるときは「すみません」

　用があるとき、何かをお願いするときには、ひとこと **Excuse me.** と声をかけましょう。これは「ちょっと失礼」と言うときにも使えます。

please
プリーズ

頼むときは「お願いします」

欲しいものの名前が英語でわかっているとき、ついうれしくて、ものの名前だけを伝えてしまいがち。頼むときは必ず、please を添えましょう。

Thank you.
サンキュー

何かをしてもらったら「ありがとう」

何かをしてもらったり、親切にしてもらったときは、相手の目を見て Thank you. と言い、感謝の気持ちを伝えましょう。「本当にありがとう」と強調したいときは Thank you のあとに very much や so much を添えます。

Do you have ~?
ドゥ　ユー　ハブ　～

欲しいものがあったら「～ はありますか？」

　「あれはないかな？」と思ったときには、このフレーズ。「～」には手に持てるものだけでなく、「空室」や「サイズ」などいろいろな言葉があてはまります。

I'd like ~.
アイドゥ　ライク　～

希望を伝えるときは「～が欲しいのですが」

　食べたいもの、買いたいものなどを相手に伝えるときは、**I'd like** のあとにものの名前を続けます。**I want** は、日本語で言うと「欲しいんだけど」のような感じです。

　大人なら **I'd like** で自分の希望を伝えましょう。

これだけは知っておきたい！
旅の英語
■ **超基本フレーズ** ■

Can I ~?
キャナイ～

許可を得るときは「～してもいいですか」

「試着していいですか」「写真を撮ってもいいですか」など、事前にひと言断りを入れたいときにはこのフレーズ。

例えば **Can I** のあとにカメラを見せれば、あなたが撮影していいかどうかを聞いていることが伝わります。

Could you ~?
クッジュー～

依頼をするときは「～していただけますか」

道順を教えてほしいときや、別の商品を見せてもらいたいときのように、してほしいことをお願いするときの、とても丁寧な表現がこれです。

* Can I ~? や Could you ~? の ～ には動詞を続けます。
p.5 に示した ❷ のページにはたくさんの動詞が出ているので活用しましょう。

1章
出発する

機内で
「機内で」の単語 ……… 12
機内で頼む ……… 15
機内で過ごす ……… 14
「機内で」のやりとり ……… 16

空港で
「空港で」の単語 ……… 18
入国審査 ……… 21
空港でたずねる ……… 20
「空港で」のやりとり ……… 22

「機内で」の単語

機内で頼みたいときは、このフレーズ！

コーヒーをください。
Coffee, please.
カーフィ　プリーズ

機内食 in-flight meals	水 water ウォーラー		コーヒー coffee カーフィ	紅茶 tea ティー
日本茶 green tea グリーン ティー	オレンジジュース orange juice オーリン ジュース		リンゴジュース apple juice アッポウ ジュース	
ウーロン茶 oolong tea ウーロン ティー			コーラ cola コウラ	ビール beer ビアー
お湯 hot water ハッ ウォーラー	氷入りで with ice ウィズ アイス		氷なしで without ice ウィザウ タイス	
赤ワイン red wine レッドゥ ワイン	白ワイン white wine ワイトゥ ワイン	日本酒 sake サーキ	めん類 noodles ヌードウズ	
牛肉 beef ビーフ	魚 fish フィッシュ	鶏肉 chicken チケン		

飲み物　p.70～71

機内で / on board

日本語	English	カタカナ
おしぼり	hot towel	ハッ タウル
アイマスク	eye mask	アイ マスク
毛布	blanket	ブランケットゥ
枕	pillow	ピロウ
ヘッドホン	headset	ヘッセットゥ
エチケット袋	airsickness bag	エアスィックネス バッグ
耳栓	earplugs	イヤープラァグズ
入国カード	immigration card	イミグレイシュン カードゥ
税関申告書	customs declaration form	カスタムズ デクラレイシュン フォーム
窓側席	window seat	ウィンドウ スィートゥ
通路側席	aisle seat	アイル スィートゥ
機内持ち込み手荷物	carry-on	キャリーオン
荷物棚	overhead compartment	オウヴァーヘッドゥ コンパートメントゥ
化粧室	lavatory	ラヴァトリィ

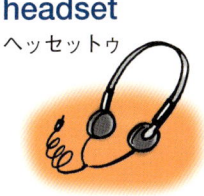

機内アナウンス / in-flight announcements

日本語	English	カタカナ
離陸	take-off	テイコッフ
着陸	landing	ランディング
乱気流	turbulence	タービュランス
緊急(の)	emergency	イマージェンスィ

出発する / 移動する / 泊まる / 食べる / 買う / 見る・遊ぶ

機内で過ごす

～の調子が悪いのですが。
The ～ doesn't work.
ダ ～ ダズントゥ ワーク

TVモニター	ヘッドホン	リモコン	読書灯
monitor	**headset**	**controller**	**reading light**
マニター	ヘッセットゥ	カントロウラー	リーディン ライトゥ

エアコン	リクライニング	トイレ
air conditioning (A/C)	**reclining seat**	**toilet**
エア コンディシュニン	リクライニン スィートゥ	トイレットゥ

～してもいいですか？
May I ～?
メアイ ～

このクレジットカードで支払う
pay with this credit card
ペイ ウィズ ディス クレディッ カードゥ

あそこの空いてる席に移る	席を倒す
move to that empty seat	**recline my seat**
ムーヴ トゥ ダッ テンプティ スィートゥ	リクライン マイ スィートゥ

～はありますか？
Do you have ～?
ドゥユー ハヴ ～

免税品の機内販売
in-flight duty-free sales
インフライトゥ デューティ フリー セイルス

胃薬	頭痛薬	下痢止め
stomach medicine	**headache medicine**	**diarrhea medicine**
スタマック メディスン	ヘデイク メディスン	ダイアリーア メディスン

酔い止め	鎮痛剤
medicine for airsickness	**a painkiller**
メディスン フォー エアスィックネス	ア ペインキラー

機内で

機内で頼む

~してもらえますか？
Could you ~ ?
クッジュー ~

寝ていたので食事を持ってくる **bring my meal because I was sleeping** ブリン マイ ミーゥ ビコーズ アイ ワズ スリーピング	これを片付ける **take this away** テイク ディサウェイ
背もたれを元に戻す **put your seat upright** プッチョア スィートゥ アップライトゥ	もう少し待つ **wait for a moment** ウェイ フォアラ モウメントゥ
この荷物を入れる **put this baggage in** プッディス バゲッジ イン	あの荷物を出す **take that baggage out** テイク ダットゥ バゲッジ アウトゥ

前を失礼します。
May I go through?
メアイ ゴウ スルー

それは無料ですか、有料ですか？
Is it free or not?
イズィッ フリー オア ナットゥ

まちがってコールボタンを押してしまいました。
I accidentally pushed the call button.
アイ アクスィデンタリィ プッシュトゥ ダ コール バトゥン

出発する

移動する

泊まる

食べる

買う

見る・遊ぶ

「機内で」のやりとり

ここは私の席のはずですが。
I think this is my seat.
アイ スィンク ディスィズ マイ スィートゥ

席を替えてもらいたいんですけど。
I'd like to change my seat.
アイドゥ ライクトゥ チェインジ マイ スィートゥ

荷物をしまうスペースがありません。
There's no room for my baggage.
デアズ ノウ ルーム フォー マイ バゲッジ

〜を頼んだのですが。
I asked for 〜.
アイ アースクトゥ フォー 〜

冷房が強すぎます。
It's cold.
イッツ コウルドゥ

席を替わりましょうか？
Shall I switch seats with you?
シャライ スウィッチ スィーツ ウィズユー

機内で

出発する

これは失礼。
Oh, I'm sorry.
オウ アイム ソーリィ

確認してもらいましょう。
Let's have it checked.
レッツ ハヴィッ チェックトゥ

あいにくですが、お移りになれません。
Sorry, you can't.
ソーリィ ユー キャーントゥ

どちらの席がよろしいですか？
Which one would you like?
ウィッチ ワン ウッジュー ライク

こちらに置いておきます。
I'll put it here.
アイル プリットゥ ヒーヤ

こちらに置いてください。
Please put it here.
プリーズ プリットゥ ヒーヤ

ただ今、お持ちします。
Right away.
ライタウェイ

少々お待ちください。
Just a moment, please.
ジャスタ モウメントゥ プリーズ

調節してみましょう。
I'll try to adjust the air conditioning.
アイル トライ トゥ アジャストゥ ディ エア コンディシュニン

毛布を持ってきましょうか？
Do you want more blankets?
ドゥユー ウォントゥ モー ブランケッツ

ええ、ありがとうございます。
Yes, please.
イェス プリーズ

いえ、大丈夫ですよ。
No, thanks.
ノウ センクス

「空港で」の単語

空港でたずねるなら、このフレーズ！

搭乗ゲートはどこですか？
Where is the boarding gate?
ウェアリズ ダ ボーディン ゲイトゥ

空港 airport	搭乗口(ゲート) boarding gate ボーディン ゲイトゥ	ターミナル terminal ターミナウ

チェックインカウンター check-in counter チェッキン カウンター	両替(所) currency exchange カレンスィ イクスチェインジ

免税店 duty free shop デューティ フリー ショップ	免税手続所 VAT refund counter ヴィーエイティ リーファンドゥ カウンター

手荷物受取所 baggage claim バゲッジ クレイム	手荷物預かり所 baggage storage area バゲッジ ストーリッジ エアリア

診療所 clinic クリニック	授乳室 nursery ヌースリィ	タクシー乗り場 taxi stand タクスィ スタンドゥ

カート luggage cart ラゲッジ カートゥ	バス乗り場 bus station バッス テイシュン

コインロッカー baggage locker バゲッジ ロッカー	遺失物取扱所 lost and found ロスタン ファウンドゥ

空港で

到着 arrival

入国管理 immigration
イミグレイシュン

入国審査 passport control
パスポート カントロウル

入国カード immigration card
イミグレイシュン カードゥ

手荷物預かり証 claim tag
クレイム タッグ

手荷物紛失 lost baggage
ロストゥ バゲッジ

ターンテーブル carousel
カラセル

税関 customs
カスタムズ

検疫 quarantine
クォールンティーン

乗り継ぎ transit
トランズィットゥ

乗り換え transfer
トランスファー

出発 departure

搭乗手続き check-in
チェッキン

搭乗券 boarding pass
ボーディン パアス

搭乗時間 boarding time
ボーディン タイム

航空会社 airline
エアライン

便 flight
フライトゥ

国内線 domestic flight
ドメスティック フライトゥ

国際線 international flight
イラナショナウ フライトゥ

直行便 direct flight
ディレクトゥ フライトゥ

乗り継ぎ便 connecting flight
コネクティン フライトゥ

満席 all booked
オール ブックトゥ

キャンセル待ち standby
スタンバイ

預け入れ荷物 checked baggage
チェックトゥ バゲッジ

空港でたずねる

> ～はどこですか？
> **Where is ～ ?**
> ウェアリズ ～

～番ゲート	第～ターミナル	～航空のチェックインカウンター
Gate ～	Terminal ～	the ～ Airlines check-in counter
ゲイトゥ ～	ターミナウ ～	ダ ～ エアラインズ チェッキン カウンター

乗り継ぎカウンター	市内へ向かう列車の駅
the transit counter	the train station for downtown
ダ トランズィットゥ カウンター	ダ トレイン ステイシュン フォー ダウンタウン

> ～はありますか（いますか）？
> **Is there ～ ?**
> イズデア ～

> ～へ行く便
> **a flight for ～**
> ア フライトゥ フォー ～

～行きの空席	日本語を話す人
a seat available for ～	anyone who speaks Japanese
ア スィー タヴェイラボウ フォー ～	エニワン フー スピークス ジャパニーズ

> ～の席にしてもらいたい。
> **～, please.**
> ～ プリーズ

窓側	通路側
a window seat	an aisle seat
ア ウィンドウ スィートゥ	アン アイル スィートゥ

最前列	彼／彼女の隣
the first row	next to him / her
ダ ファーストゥ ロウ	ネックス トゥ ヒム／ハー

入国審査

空港で

旅行の目的は？
What's the purpose of your visit?
ワッツ ダ パーパス オヴ ヨー ヴィズィットゥ

観光です。
Sightseeing.
サイッスィーイング

仕事です。
Business.
ビズネス

滞在の期間は？
How long are you going to stay?
ハウ ロング アー ユー ゴウイン トゥ ステイ

〜日間です。
For ~ days.
フォー 〜 デイズ

〜週間です。
For ~ weeks.
フォー 〜 ウィークス

〜カ月間です。
For ~ months.
フォー 〜 マンツ

滞在先は？
Where are you staying?
ウェア アー ユー ステイング

〜（ホテル）です。
At ~ (Hotel).
アットゥ 〜（ホウテウ）

帰りのチケットはありますか？
Do you have a return ticket?
ドゥユー ハヴァ リターン ティケットゥ

はい、これです。
Yes, here it is.
イェス ヒー イッ イズ

いいえ、これから買います。
No, I'll get it later.
ノウ アイル ゲティッ レイター

並んでいますか？
Are you in line?
アー ユー イン ライン

これは機内に持ち込めますか？
Can I carry this on?
キャナイ キャリー ディス オン

出発する | 移動する | 泊まる | 食べる | 買う | 見る・遊ぶ

21

「空港で」のやりとり

荷物が出てきません。これが預かり証です。
My baggage is missing. This is my claim tag.
マイ バゲッジィズ ミッスィン ディスィズ マイ クレイム タッグ

見つかるまでどうしたらいいですか？
What should I do in the meantime?
ワッシュダイ ドゥ イン ダ ミーンタイム？

スーツケースが壊れています。
My baggage is damaged.
マイ バゲッジィズ ダミッジドゥ

〜へ行く便のキャンセル待ちをお願いします。
I'd like to get on the waiting list for the flight to 〜.
アイドゥ ライクトゥ ゲロンダ ウェイティン リストゥ フォー ダ フライットゥ 〜

重量制限をオーバーしているので、超過料金をいただきます。
You need to pay for excess baggage.
ユー ニーットゥ ペイフォー エクセス バゲッジ

空港で

滞在先を教えてください。
Tell us where you're staying.
テルアス ウェア ヨー ステイング

～空港にあります。
It's now at ～ Airport.
イッツ ナウ アットゥ ～ エアポートゥ

これをお使いください。
You can use this.
ユー キャン ユーズ ディス

レシートをつけて、後で請求してください。
Please make a claim later with receipts.
プリーズ メイカ クレイム レイター ウィズ リスィーツ

1日～(金額)まで補償します。
You'll be compensated up to ～ a day.
ユール ビー カンペンセイテイドゥ アップ トゥ ～ ア デイ

保険会社に請求してください。
Please make a claim to the insurance company.
プリーズ メイカ クレイム トゥ ディ インシュランス カンパニィ

航空会社に請求してください。
Please make a claim to the airline.
プリーズ メイカ クレイム トゥ ディ エアライン

かしこまりました。
OK.
オウケイ

いちばん早い便がいいですか？
Would you like the earliest one?
ウッジュー ライク ディ アーリエストゥ ワン

おいくらですか？
How much?
ハウマッチ

今、中身を移します。
I'll take out some things now.
アイル テイカウトゥ サム スィングズ ナウ

出発する | 移動する | 泊まる | 食べる | 買う | 見る・遊ぶ

2章 移動する

地下鉄・電車に乗る
「地下鉄・電車に乗る」の単語…26　　切符を買う……28
駅でたずねる…………29
「地下鉄・電車に乗る」のやりとり………30

タクシー・バスに乗る
「タクシー・バスに乗る」の単語…………32
タクシー・バスに乗る…34　　タクシーでのやりとり…34
「タクシー・バスに乗る」のやりとり………36

道をたずねる
「道をたずねる」の単語…38　　場所をたずねる……40
道をたずねる…41　　「道をたずねる」のやりとり…42

Lillywhites
Lillywhites
Peckham Camberwell Elephant
Oxford Circus
12
MAL68
BX54 UCR

「地下鉄・電車に乗る」の単語

地下鉄・電車に乗るときは、このフレーズ！

片道（切符）をお願いします。
One way (ticket), please.
ワンウェイ（ティケットゥ）　プリーズ

切符 tickets	～発 from ～ フロム～	～行き to ～ トゥ～	片道 one-way ワンウェイ

往復
round-trip / return
ラウントリップ / リターン

急行
express
イクスプレス

各駅
local
ロウカウ

個室
compartment
コンパートメントゥ

1等車
first class
ファーストゥ クラス

寝台車
sleeping car
スリーピン カー

2等車
second class
セカンドゥ クラス

1日乗車券
1-day ticket
ワンデイ ティケットゥ

旅行者用の乗車カード
tourist card
トゥーリストゥ カードゥ

メトロカード
metro card
メトゥロウ カードゥ

精算
fare adjustment
フェー アジャッスメントゥ

路線図
map
マップ

地下鉄
subway / underground
サブウェイ / アンダーグラウンドゥ

路面電車
streetcar / tram
ストゥリートゥカー / トラァム

ライトレール
light rail
ライトゥ レイル

地下鉄・電車に乗る

駅 station

日本語	English	カタカナ
切符売り場	ticket office	ティケットフィス
運賃	fare	フェー
改札口	ticket gate	ティケットゲイトゥ
自動券売機	ticket vending machine	ティケットヴェンディンマシーン
駅員	station staff	ステイシュンスタッフ
ホーム	platform / track	プラットフォーム / トラック
出口	exit / way out	エグズィットゥ / ウェイアウトゥ
路線	route	ルートゥ
目的地	destination	デスティネイシュン
始発	first train	ファーストゥトレイン
終電	last train	ラストゥトレイン
時刻表	timetable	タイムテイボウ
終点	terminal	ターミナウ
乗る	get on	ゲットン
降りる	get off	ゲットッフ
乗り換える	change / transfer	チェインジ / トランスファー

運行状況 status

日本語	English	カタカナ
通常運転	good service	グッサーヴィス
やや遅れ	minor delays	マイナーディレイズ
大幅遅れ	severe delays	スィヴィーアディレイズ
変更	service change	サーヴィスチェインジ
スト	strike	ストライク

移動する

切符を買う

~の切符をください。
Ticket ~, please.
ティケッ ~ プリーズ

~行きの **to ~** トゥ ~	~日の **on ~** オン ~	~時~分発の **leaving at ~** リーヴィン アットゥ ~

特急券 **for an express** フォー アン ニクスプレス	指定席 **for a reserved seat** フォー ア リザーヴドゥ スィートゥ
大人 **for an adult** フォー アン ナダウトゥ	小人 **for a child** フォー ア チャイルドゥ

~をしたいのですが。
I'd like to ~.
アイドゥ ライクトゥ~

	~行きの予約 **reserve a seat to ~** リザーヴァ スィーッ トゥ ~
予約の変更 **change my reservation** チェインジ マイ レザヴェイシュン	この切符の払い戻し **get a refund for this** ゲッタ リーファンドゥ フォー ディス
精算 **pay for fare adjustment** ペイ フォー フェー アジャッスメントゥ	途中下車 **stop over** スタッ ポウヴァ

地下鉄・電車に乗る

駅でたずねる

～はどこですか？
Where is ～ ?
ウェアリズ～

切符売り場	改札口	駅員
the ticket office	**the ticket gate**	**a station staff**
ダ ティケッ トフィス	ダ ティケッ ゲイトゥ	ア ステイシュン スタッフ

～番ホーム	～に一番近い出口
the platform ～	**the nearest exit for ～**
ダ プラッフォーム ～	ダ ニアレス テグズィットゥ フォー ～

～はありますか？
Is there ～ ?
イズデア ～

食堂車
a dining car
ア ダイニン カー

個室寝台
a roomette
ア ルーメットゥ

空席
a seat available
ア スィー タヴェイラボウ

この電車は～に停まりますか？
Does this train stop at ～ ?
ダズ ディス トレイン ストッ パットゥ ～

～行きはどれですか？
Which one is for ～ ?
ウィッチ ワン イズ フォー ～

「地下鉄・電車に乗る」のやりとり

～に行きたいのですが。
Could you tell me how to get to ～?
クッジュー テルミー ハウトゥ ゲットゥ ～

切符の買い方がわからないのですが。
I don't know how to buy a ticket.
アイ ドン ノウ ハウトゥ バイア ティケットゥ

切符を失くしてしまいました。
I lost my ticket.
アイ ロストゥ マイ ティケットゥ

列車に忘れ物をしてしまいました。
I left something on the train.
アイ レフトゥ サムスィン オンダ トレイン

乗り遅れてしまいました。
I missed my train.
アイ ミストゥ マイ トレイン

払い戻しいたしましょうか？
Do you want a refund?
ドゥユー ウォンタ リーファンドゥ

乗り過ごしてしまいました。
I missed my stop.
アイ ミストゥ マイ スタップ

どこで降りるはずだったんですか？
Where were you going?
ウェア ワー ユー ゴウイング

地下鉄・電車に乗る

~に乗って…で降りてください。
Take ~ and get off at ...
テイク ~ アンドゥ ゲットッフ アットゥ …

~で…に乗り換えてください。
Change to ... at ~.
チェインジ トゥ … アットゥ ~

どこまでですか？
Where to?
ウェア トゥ

ここにお金を入れてください。
Put money in here.
プッ マニィ イン ヒヤ

紙幣は使えませんよ。
Coins only.
コインズ オウンリィ

どこから乗車されましたか？
Where did you get on?
ウェア ディッジュー ゲットン

~（金額）をいただきます。
You should pay ~.
ユー シュッ ペイ ~

遺失物取扱所に行ってみてください。
Go to the lost and found.
ゴウ トゥ ダ ロスタン ファウンドゥ

連絡先を教えてください。
Your contact information, please.
ヨー コンタク ティンフォメイシュン プリーズ

別のチケットをお取りしますか？
Do you need another ticket?
ドゥユー ニー ダナダー ティケットゥ

~に乗って戻ってください。
Take ~ and go back.
テイク ~ アンドゥ ゴウ バック

「タクシー・バスに乗る」の単語

タクシー・バスに乗るときは、このフレーズ！

おつりをお願いします。
Change, please. チェインジ プリーズ

乗車 riding	〜まで to 〜 トゥ〜	現金 cash キャッシュ	おつり change チェインジ

クレジットカード credit card クレディッ カードゥ	荷物 baggage / luggage バゲッジ / ラゲッジ

トランク trunk / boot トランク / ブートゥ	領収書 receipt リスィートゥ

路線図 route map ルートゥ マップ	片道 / 往復 one-way / round-trip ワンウェイ / ラウントリップ

乗り換え change / transfer チェインジ / トランスファー	乗り換え（券） transfer (ticket) トランスファー（ティケットゥ）

回数券 coupon ticket クーポン ティケットゥ	大人 adult アダウトゥ	小人 child チャイルドゥ

乳幼児 infant インファントゥ	高齢者 senior スィニアー	1日乗車券 one-day pass ワンデイ パス

タクシー・バスに乗る

タクシー / taxi / cab

日本語	English	カタカナ
タクシー乗り場	taxi stand	タクスィ スタンドゥ
（初乗り）運賃	(initial) fare	(イニシャル) フェー
料金メーター	meter	ミータ
割増運賃	extra	エクストゥラ
追加料金	surcharge	サーチャージ
空車	for hire / vacant / off duty	フォー ハイヤ / ヴェイカントゥ / オフ デューティ
回送	out of service	アウトヴ サーヴィス
助手席	passenger seat	パッセンジャー スィートゥ
後部座席	back seat	バック スィートゥ

バス / bus

日本語	English	カタカナ
バス停	bus stop	バス タップ
バスターミナル（終点）	bus terminal	バス ターミナウ
〜行き	(bound) for 〜	(バウン) フォー 〜
〜方面	towards 〜	トゥオーズ 〜
各駅	local	ロウカウ
急行	limited	リミティッドゥ
行き先	destination	デスティネイシュン
車掌	conductor	カンダクタ
「ご乗車の前に乗車券をお求めください」	"Buy tickets before boarding"	バイ ティケッツ ビフォア ボーディング
「次、停まります」	"STOP REQUESTED"	スタップ リクウェスティドゥ

タクシー・バスに乗る

〜はどこですか？
Where is 〜 ?
ウェアリズ 〜

最寄りのタクシー乗り場
the nearest taxi stand
ダ ニアレストゥ タクスィ スタンドゥ

バス停	切符売り場	案内所
the bus stop	**the ticket office**	**the information office**
ダ バッス タップ	ダ ティケッ トフィス	ディ インフォメイシュン ノフィス

〜をいただけますか？
Can I have 〜 ?
キャナイ ハヴ 〜

おつり	領収書	路線図
change	**a receipt**	**a route map**
チェインジ	ア リスィートゥ	ア ルートゥ マップ

タクシーでのやりとり

〜までお願いします。
To 〜 , please.
トゥ 〜 プリーズ

この住所	〜 ホテル	〜 空港	〜 駅
this address	**〜 Hotel**	**〜 Airport**	**〜 Station**
ディッ サドレス	〜 ホウテウ	〜 エアポートゥ	〜 ステイシュン

〜 美術館（博物館）	〜 劇場	〜 競技場
〜 Museum	**〜 Theater**	**〜 Stadium**
〜 ミューズィアム	〜 スィアター	〜 ステイディアム

タクシー・バスに乗る

ここで〜待っていてもらえますか？
Could you wait here for 〜?
クッジュー ウェイトゥ ヒーヤ フォー 〜

ちょっと	2、3分	〜分くらい
a moment	**a couple of minutes**	**about 〜 minutes**
ア モウメントゥ	ア カプロヴ ミニッツ	アバウトゥ 〜 ミニッツ

〜してもらえますか？
Could you 〜?
クッジュー 〜

	〜に行く
	take me to 〜
	テイク ミー トゥ 〜

メーターをつける	少し急ぐ
switch on the meter	**go a little faster**
スウィッチォン ダ ミータ	ゴウ ア リル ファスター
もっとゆっくり走る	近道
drive more slowly	**take a shortcut**
ドライヴ モー スロウリー	テイカ ショーッカットゥ
ここで止める	トランクを開ける
stop here	**open the trunk / boot**
スタップ ヒーヤ	オウプン ダ トランク / ブートゥ

チップです。
This is for you.
ディスィズ フォー ユー

ここで降ります。
I'll get off here.
アイル ゲットッフ ヒーヤ

「タクシー・バスに乗る」のやりとり

~まで、いくらくらいかかりますか？
About how much is it to ~?
アバウトゥ ハウマッチ イズィッ トゥ ~

~まで、どれくらいかかりますか？
About how long will it take to ~?
アバウトゥ ハウロン ウィリッ テイク トゥ ~

~へ行くには何番のバスに乗ればいいですか？
Which bus should I take for ~?
ウィッチ バス シュダイ テイク フォー ~

料金は先払いですか？
Should I pay first?
シュダイ ペイ ファーストゥ

このバスは~に停まりますか？
Does this bus go to ~?
ダズ ディス バス ゴウ トゥ ~

降りるときは、どうするんですか？
How do I get off?
ハウ ドゥアイ ゲットッフ

ひもを引っぱってください。
Pull the cord.
プゥ ダ コードゥ

36

タクシー・バスに乗る

なんとも言えません。
I don't know.
アイ ドン ノウ

〜くらいです。
About 〜 .
アバウトゥ 〜

〜番に乗って、…で〜番に乗り換えてください。
Take No. 〜 and change to No. 〜 at ...
テイク ナンバー 〜 アンドゥ チェインジ トゥ ナンバー 〜 アットゥ …

〜番です。
No. 〜 .
ナンバー 〜

はい。
Yes.
イェス

降りるときに払ってください。
No, when you get off.
ノウ ウェン ニュー ゲットッフ

はい、停まりますよ。
Yes.
イェス

〜で…に乗り換えてください。
Please change at 〜 for ...
プリーズ チェインジ アットゥ 〜 フォー …

いや、停まりません。
No.
ノウ

着いたら教えてあげますよ。
I'll tell you when to get off.
アイル テルユー ウェン トゥ ゲットッフ

ボタンを押すだけです。
Just press the button.
ジャストゥ プレス ダ バトゥン

出発する | 移動する | 泊まる | 食べる | 買う | 見る・遊ぶ

「道をたずねる」の単語

道をたずねるときは、このフレーズ！

5番街はどこですか？
Where is Fifth Avenue?
ウェアリズ フィフス アヴニュー

場所 places	～通り ~Street (St.) ～ ストゥリートゥ	～大通り／～街 ~Avenue (Ave.) ～ アヴニュー	～駅 ~Station ～ ステイシュン

～広場 ~Square(Sq.) ～ スクウェー	～公園 ~Park ～ パーク	～教会 ~Church ～ チューチ

～美術館・博物館 ~Museum ～ ミューズィアム	～劇場 ~Theater ～ スィアター	～大聖堂 ~Cathedral ～ カスィードラウ	～寺院 ~Abbey ～ アビィ

～城 ~Castle ～ カッスウ	～宮殿 ~Palace ～ パレス	～の像 Statue of ~ スタチュー オヴ ～

銀行 bank バンク	郵便局 post office ポウス トフィス	

コンビニ convenience store コンヴィーニエン ストー	病院 hospital ホスピタウ	薬局 pharmacy ファーマスィ

交番 police box ポリース ボックス	船乗り場 boat pier ボウトゥ ピーア

道をたずねる

方向 directions

日本語	英語	カナ
まっすぐ	straight	ストゥレイトゥ
右手に	on the right	オン ダ ライトゥ
左手に	on the left	オン ダ レフトゥ
〜の突き当たり	at the end of 〜	アッ ディ エンドゥヴ 〜
反対側に	on the opposite side	オン ディ オポズィットゥ サイドゥ
途中	on the way	オン ダ ウェイ
この先	ahead	アヘッドゥ
あっち	that way	ダッ ウェイ
こっち	this way	ディス ウェイ
ここ	here	ヒヤ
そこ	there	デア
向こう	over there	オウヴァ デーア
すぐそこ	right there	ライッ デーア
〜の手前	before 〜	ビフォー 〜
〜の裏	behind 〜	ビハインドゥ 〜
〜の前（正面）	in front of 〜	イン フラン トゥヴ 〜

歩行 walking

日本語	英語	カナ
信号	traffic light	トラフィック ライトゥ
看板	sign / billboard	サイン / ビルボードゥ
横断歩道	crosswalk	クロスウォーク
交差点	intersection	インターセクシュン
目印	landmark	ランドゥマーク
メートル / キロ	meter / kilometer	ミータ / キロミター

場所をたずねる

~はどこですか?
Where is the ~ ?
ウェアリズ ダ ~

最寄り駅
nearest station
ニアレストゥ ステイシュン

日本大使館
Japanese Embassy
ジャパニー ゼンバスィー

日本領事館
Japanese Consulate
ジャパニーズ カンスレットゥ

この近くに~はありますか?
Is there a ~ near here?
イズデア ア ~ ニア ヒーヤ

レストラン
restaurant
レストラントゥ

カフェ	バー	~というお店	観光案内所
café	**bar**	**shop called ~**	**tourist information**
キャフェイ	バー	ショップ コールドゥ ~	トゥーリス ティンフォメイシュン

両替所	公衆トイレ
currency exchange	**public toilet / restroom**
カレンスィ イクスチェインジ	パブリック トイレットゥ / レストゥルーム

~ですか?
Is it ~?
イズィッ ~

近い	遠い	すぐそこ
near	**far**	**very close**
ニーヤ	ファー	ヴェリー クロウス

こっち	あっち	右側	左側
this way	**that way**	**on the right**	**on the left**
ディス ウェイ	ダッ ウェイ	オン ダ ライトゥ	オン ダ レフトゥ

道をたずねる

~すればいいですか？
Should I ~ ?
シュダイ ～

まっすぐ行く **go straight** ゴウ　ストゥレイトゥ	右に曲がる **turn right** ターン　ライトゥ	左に曲がる **turn left** ターン　レフトゥ

1(2/3)つ目の角を曲がる
turn at the first (second / third) corner
ターン　アッダ　ファーストゥ（セカンドゥ / サード）　コーナー

通りを渡る **cross the street** クロス　ダ　ストゥリートゥ	引き返す **go back** ゴウ　バック

ここは何という～ですか？
What's the name of this ~ ?
ワッツ　ダ　ネイモヴ　ディス ～

場所 **place** プレイス
通り **street** ストゥリートゥ

道に迷ってしまいました。
I'm lost.
アイム　ロストゥ

ご親切にどうも。
That's very kind of you.
ダッツ　ヴェリー　カインドッ　ヴュー

「道をたずねる」のやりとり

~への行き方を教えてもらえますか?
Could you tell me the way to ~ ?
クッジュー テルミー ダウェイ トゥ ~

目印はありますか?
Are there any landmarks?
アーデア エニイ ランドゥマークス

ここから歩いてどのくらいかかりますか?
How long will it take to get there on foot?
ハウロン ウィリッ テイク トゥ ゲッデア オン フットゥ

どうやって行くのがいちばん早いですか?
Which is the fastest way to get there?
ウィッチーズ ダ ファステストゥ ウェイ トゥ ゲッデア

(地図を指さして)ここにはどうやって行けばいいですか?
How can I get there?
ハウ キャナイ ゲッデア?

1(2 / 3)つ目の角を右(左)に曲がる。
Turn at the first (second / third) corner on the right (left).
ターン アッダ ファーストゥ(セカンドゥ/サード)
コーナー オンダ ライトゥ(レフトゥ)

道をたずねる

いいですよ。
OK.
オウケイ

わたしについてきてください。
Follow me, please.
フォロウ ミー プリーズ

ごめんなさい。時間がありません。
Sorry. I have no time.
ソーリィ アイハヴ ノウタイム

特にありません。
Not especially.
ノッ テスペシャリィ

あの建物です。
That building.
ダッ ビルディング

あの看板です。
That billboard.
ダッ ビルボードゥ

すぐそこですよ。
It's right there.
イッツ ライッデア

歩いて行くのは無理ですよ。
You can't go on foot.
ユー キャントゥ ゴウ オン フットゥ

〜分くらいです。
About 〜 minutes.
アバウトゥ 〜 ミニッツ

電車です。
By train.
バイ トレイン

バスです。
By bus.
バイ バス

タクシーです。
By taxi.
バイ タクスィ

歩きです。
On foot.
オン フットゥ

通りを渡る。
Cross the street.
クロッス ダ ストゥリートゥ

まっすぐ行く。
Go straight.
ゴウ ストゥレイトゥ

道なりに行く。
Follow the road.
フォロウ ダ ロウドゥ

出発する / 移動する / 泊まる / 食べる / 買う / 見る・遊ぶ

フロントで
「フロントで」の単語…46　　フロントでお願いする…48
フロントでたずねる……49　　「フロントで」のやりとり…50

ホテルのサービス
「ホテルのサービス」の単語…52　　サービスを頼む…54
「ホテルのサービス」のやりとり…56

ホテルでのトラブル
「ホテルでのトラブル」の単語………58
苦情・困っていることを伝える………60
「ホテルでのトラブル」のやりとり………62

3章
泊まる

「フロントで」の単語

フロントでは、このフレーズ！

チェックインをお願いします。
Check in, please. チェッキン プリーズ

| チェックイン / チェックアウト check-in / check-out | チェックインする check in チェッキン | ルームキー room key ルーム キー |

〜号室
room 〜
ルーム〜

宿泊(する)
stay
ステイ

〜泊
〜 night(s)
〜ナイ(ツ)

静かな部屋
quiet room
クワイエットゥ ルーム

角部屋
corner room
コーナー ルーム

シングル
single
スィンゴー

ダブル
double
ダボー

スイート
suite
スイートゥ

ツイン
twin
トゥイン

海の見える部屋
ocean view room
オウシャン ヴュー ルーム

街並みの見える部屋
city view room
スィティ ヴュー ルーム

クレジットカード
credit card / charge
クレディッ カードゥ / チャージ

トラベラーズチェック
traveler's checks
トラヴェラーズ チェックス

フロントで

日本語	英語	カタカナ
フロント	reception	リセプシュン
予約	reservation	レザヴェイシュン
予約確認書	confirmation slip	カンファメイシュン スリップ
宿泊カード	registration form	レジストレイシュン フォーム
宿泊料金	room rate	ルーム レイトゥ
前金	deposit	ディポズィットゥ
領収書	receipt	リスィートゥ
料金	charge	チャージ
部屋番号	room number	ルーム ナンバー
～階	～ floor	～フロー
到着日	arrival date	アライヴァル デイトゥ
出発日	departure date	ディパーチャー デイトゥ
空室	vacancy	ヴェイカンスィ

ホテル従業員 hotel employees

日本語	英語	カタカナ
フロント係	receptionist	リセプショニストゥ
ポーター	porter	ポーター
ベルボーイ	bellboy	ベルボーイ
ドアマン	doorman	ドーマン
ルームメイド	room maid	ルー メイドゥ
客室係	housekeeper	ハウスキーパー
コンシェルジュ（案内係）	concierge	コンシェージ
会計係	cashier	キャシーア
支配人	manager	マニィジャー

フロントでお願いする

~（の）部屋をお願いします。
A room ~ , please.
ア ルーム ～ プリーズ

眺めのいい
with a view
ウィザ ヴュー

お風呂付き
with a bath
ウィザ バース

上層階
on the upper floor
オン ディ アッパー フロー

低層階
on the lower floor
オン ダ ロウアー フロー

~していただけますか？
Could you ~ ?
クッジュー ～

チェックインまで荷物を預かる
keep my baggage until I check in
キープ マイ バゲッジ アンティライ チェッキン

タクシーを呼ぶ
call a taxi
コーラ タクスィ

貴重品を預かる
keep my valuables
キープ マイ ヴァリュアボウズ

荷物を運ぶ
carry my baggage
キャリー マイ バゲッジ

~をしたいのですが。
I'd like to ~ .
アイドゥ ライクトゥ～

宿泊を(1泊)延長する
extend my stay (for one more night)
イクステンドゥ マイ ステイ（フォー ワンモア ナイトゥ）

宿泊を切り上げる
cut my stay short
カットゥ マイ ステイ ショートゥ

フロントでたずねる

フロントで

> ~はありますか？
> ## Do you have ~ ?
> ドゥユー　ハヴ ~

空室	
a vacancy	
ア　ヴェイカンスィ	

~（金額）以下の部屋	日本語を話せるスタッフ
a room for under ~	**Japanese speaking staff**
ア　ルーム　フォー　アンダー ~	ジャパニーズ　スピーキング　スタッフ

> ~できますか？
> ## Can I ~ ?
> キャナイ ~

早めにチェックイン
check in early
チェッキン　アーリー

遅めにチェックアウト	予約なしで宿泊
check out late	**stay without a reservation**
チェッカウ　レイトゥ	ステイ　ウィザウタ　レザヴェイシュン

預けた荷物を受け取る	このクレジットカードを使う
have my baggage	**use this credit card**
ハヴ　マイ　バゲッジ	ユーズ　ディス　クレディッ　カードゥ

> 予約をしている~です。
> ## I have a reservation for ~.
> アイ　ハヴァ　レザヴェイシュン　フォー ~

> ~号室のキーをお願いします。
> ## Room ~ key, please.
> ルーム ~ キー　プリーズ

出発する / 移動する / **泊まる** / 食べる / 買う / 見る・遊ぶ

「フロントで」のやりとり

ここには何を書けばいいですか？
What should I write here?
ワッシュダイ ライトゥ ヒーヤ

外出する時、カギを持っていってもいいですか？
Can I take my room key when I go out?
キャナイ テイク マイ ルーム キー ウェナイ ゴウ アウトゥ

部屋の番号を忘れてしまいました。
I forgot my room number.
アイ フォーガッ マイ ルーム ナンバー

これは何の料金ですか？
What's this charge for?
ワッツ ディス チャージ フォー

金額が違いませんか？
There's a mistake in my bill.
デアザ ミステイク イン マイ ビル

お支払いはどうなさいますか？
How would you like to pay?
ハウ ウッジュー ライク トゥ ペイ

ミニバーはお使いになりましたか？
Did you use the mini-bar?
ディッジュー ユーズ ダ ミニバー

フロントで

国籍です。
Nationality.
ナシュナリティ

郵便番号です。
Zip code.
ズィップ コウドゥ

署名してください。
Sign, please.
サイン プリーズ

かまいませんよ。
OK.
オウケイ

いいえ、フロントにお預けください。
No, leave it at the front desk.
ノウ リーヴィッ タッダ フラン デスク

お名前は？
What's your name?
ワッツ ヨー ネイム

税金です。
Tax.
タックス

飲食料です。
Dining charge.
ダイニング チャージ

サービス料です。
Service charge.
サーヴィス チャージ

宿泊料です。
Room charge.
ルーム チャージ

どれですか？
Where?
ウェア

確認いたします。
I'll check it.
アイル チェッキットゥ

現金で。
Cash.
キャッシュ

クレジットカードで。
Credit card.
クレディッ カードゥ

トラベラーズチェックで。
Traveler's checks.
トラヴェラーズ チェックス

はい、〜を飲みました。
Yes, I had 〜 .
イェス アイ ハッドゥ 〜

いいえ、何も使っていません。
No, I didn't.
ノウ アイ ディドゥントゥ

「ホテルのサービス」の単語

ホテルのサービスを受けたいときは、このフレーズ！

両替をお願いします。
Exchange, please. イクスチェインジ　プリーズ

日本語	英語	カナ
サービス	services	
ルームサービス	room service	ルーム　サーヴィス
モーニングコール	wake-up call	ウェイカップ　コール
両替	exchange	イクスチェインジ
小額紙幣	small bills	スモール　ビルズ
高額紙幣	large bills	ラージ　ビルズ
タクシー	taxi	タクスィ
クリーニング	laundry	ローンドリィ
ドライクリーニング	dry cleaning	ドゥライ　クリーニング
小銭	small change	スモール　チェインジ
アイロンがけ	press	プレス
部屋掃除	clean my room	クリーン　マイ　ルーム
ドライヤー	hair dryer	ヘア　ドライヤー
コーヒーメーカー	coffee maker	カーフィ　メイカー
ファックス	send a FAX	センダ　ファクス
コピー	take a copy	テイカ　コピィ
伝言	leave a message	リーヴァ　メッセッジ
宅配便	parcel delivery service	パースゥ　ディリヴァリィ　サーヴィス
国際電話	international call	イラナシュナゥ　コール

ホテルのサービス

アメニティ amenities

日本語	English	カタカナ
シャンプー	shampoo	シャンプー
リンス	conditioner	コンディシュナー
歯ブラシ	toothbrush	トゥースブラッシュ
歯磨き粉	toothpaste	トゥースペイストゥ
バスタオル	bath towel	バス タウル
シーツ	sheet	シートゥ
バスローブ	robe	ロウブ
救急箱	first-aid kit	ファーステイドゥ キットゥ
裁縫道具	sewing kit	ソーイン キットゥ
ポット	thermos	サーマス
栓抜き	bottle opener	ボトー オウプナー
コップ	glass	グラース
エキストラベッド	extra bed	エクストゥラ ベッドゥ
アイロン	iron	アイアン
アイロン台	ironing board	アイアニン ボードゥ
変圧器	transformer	トランスフォーマー

施設 facilities

日本語	English	カタカナ
ロビー	lobby / lounge	ロビイ / ラウンジ
食堂	dining	ダイニング
ジム	gym	ジム
スパ	spa	スパー
エステ	beauty salon	ビューティ サロン
美容院(理髪店)	hairdresser (barber)	ヘアドレッサー(バーバー)

サービスを頼む

~したいのですが。
I'd like to ~.
アイドゥ ライクトゥ~

日本へ電話をかける	日本へはがきを送る
make a phone call to Japan メイカ フォウン コール トゥ ジャパーン	**send postcards to Japan** センドゥ ポウスカーズ トゥ ジャパーン
日本へ荷物を送る	インターネットに接続する
send this parcel to Japan センディス パースウ トゥ ジャパーン	**access the Internet** アクセス ディ インターネットゥ

今夜(明朝)までにクリーニングを頼む
get this cleaned by tonight (tomorrow morning)
ゲッディス クリーンドゥ バイ トゥナイトゥ (トゥマロウ モーニング)

シャツ(ズボン/ブラウス)にアイロンをかけてもらう
have my shirt (pants / blouse) pressed
ハヴ マイ シュートゥ (ペンツ / ブラウス) プレッストゥ

トラベラーズチェックを現金にする
cash traveler's checks
キャッシュ トラヴェラーズ チェックス

夕食を部屋で食べる
have dinner in my room
ハヴ ディナー
イン マイ ルーム

ホテルのサービス

～していただけますか？
Could you ~ ?
クッジュー ～

このレストラン（ツアー / チケット）の予約をする
make a reservation for this restaurant (tour / ticket)
メイカ レザヴェィシュン フォー ディス レストラントゥ (トゥアー / ティケットゥ)

荷物を部屋まで取りに来る	～時に起こす
take my baggage down	**wake me up at ~**
テイク マイ バゲッジ ダウン	ウェイク ミー アップ アットゥ ～

円をドルに両替する	シミ抜き
exchange yen into dollars	**remove this stain**
イクスチェインジ イェン イントゥ ダラーズ	リムーヴ ディッス ステイン

近くのおいしいレストランを教える
tell me a nice restaurant near here
テルミー ア ナイス レストラントゥ ニア ヒーヤ

料金は部屋につけておいてください。
Please charge it to my room.
プリーズ チャージッ トゥ マイ ルーム

お先にどうぞ。
After you.
アフター ユー

どうもありがとう。これはチップです。
Thank you very much.
This is for you.
サンキュー ヴェリーマッチ ディスィズ フォー ユー

「ホテルのサービス」のやりとり

～を部屋まで持ってきていただけますか？
Could you bring ～ to my room?
クッジュー　ブリン　～　トゥ　マイルーム

このレストランの予約をお願いします。
Could you make a reservation at this restaurant?
クッジュー　メイカ　レザヴェイシュン　アットゥ　ディス　レストラントゥ

荷物を預かってもらいたいのですが。
I'd like to leave my baggage.
アイドゥ　ライクトゥ　リーヴ　マイ　バゲッジ

両替をお願いします。○○ドル札を××枚、小銭も混ぜてください。
Exchange, please. ×× ○○ dollar bills and some small change.
イクスチェインジ　プリーズ　××　○○　ダラー　ビルズ　エンドゥ　サム　スモール　チェインジ

これの使い方を教えてください。
Could you tell me how to use this?
クッジュー　テルミー　ハウトゥ　ユーズ　ディス

朝食は何時から何時までですか？
What are breakfast hours?
ワラー　ブレックファッス　タワーズ

ホテルのサービス

かしこまりました。
Sure.
シューア

部屋番号は？
Your room number?
ヨー ルーム ナンバー

少々お待ちください。
Wait a moment, please.
ウェイタ モウメントゥ プリーズ

何名さまですか？
For how many?
フォー ハウメニィ

いつにしますか？
When?
ウェン

何かリクエストは？
Any requests?
エニィ リクエスツ

かしこまりました。荷物はおいくつですか？
OK. How many pieces?
オウケイ ハウメニ ピースィズ

あいにくですが、承れません。
I'm sorry but you can't.
アイム ソーリィ バットゥ ユー キャーントゥ

かしこまりました。
OK.
オウケイ

少々お待ちください。
Wait a moment, please.
ウェイタ モウメントゥ プリーズ

ここを押すだけです。
Just push this.
ジャストゥ プッシュ ディス

やって見せましょう。
I'll show you.
アイル ショウユー

〜時から…時までです。
From 〜 until ….
フロム 〜 アンティウ …

「ホテルでのトラブル」の単語

ホテルでのトラブルのときは、このフレーズ！

お風呂の調子がおかしいです。

Something is wrong with the bath.
サムスィング　イズ　ロング　ウィズ　ダ　バス

| 設備・備品 equipment | エアコン
air conditioning
エア コンディシュニン | 暖房
heating
ヒーティング | 照明
light
ライトゥ |

トイレ
toilet
トイレットゥ

シャワー
shower
シャウアー

お風呂
bath
バス

バスタブ
bathtub
バスタァブ

蛇口
faucet / tap
フォースィットゥ /
タップ

リモコン
remote control
リモウトゥ カントロウル

ミニバー（小型冷蔵庫）
mini-bar
ミニバー

目覚まし時計
alarm clock
アラーム　クロック

セーフティボックス
safety deposit box
セイフティ デポズィットゥ ボックス

コインランドリー
Laundromat / launderette
ランドゥルマットゥ / ランドレットゥ

自動販売機
vending machine
ヴェンディン マシーン

コンセント
outlet
アウトレットゥ

58

ホテルでのトラブル

トラブル trouble	隣(上/下)の部屋 **the room next door (above / below)** ダ ルーム ネックス ドー (アバーヴ / ビロウ)		
騒音 **noise** ノイズ	臭い **smell** スメル	水漏れ **leaking** リーキング	
天井 **ceiling** スィーリング	ぼや **small fire** スモール ファイヤ	火事 **fire** ファイヤ	
消火器 **extinguisher** イクスティングウィッシャー	火災警報器 **fire alarm** ファイヤ アラーム	非常口 **emergency exit** イマージェンスィ エグズィットゥ	
避難 **evacuation** イヴァキュエイシュン	停電 **blackout** ブラッカウトゥ		盗難 **theft** セフトゥ
落し物 **lost property** ロストゥ プロパティ	迷子 **lost child** ロストゥ チャイルドゥ	急病 **sudden illness** サドゥン イルネス	請求ミス **billing mistake** ビリン ミステイク
殴り合い **fight** ファイトゥ	けが **injury** インジュリー	やけど **burn** ブァーン	行方不明 **missing** ミッスィング
言い争い **quarrel** クォーラウ	暗証番号 **PIN code** ピン コウドゥ	再発行 **reissue** リイシュー	キャンセル **cancellation** キャンスレイシュン

苦情・困っていることを伝える

~が壊れています。
The ~ doesn't work.
ダ ~ ダズントゥ ワーク

冷蔵庫	ルームキー	ドアの鍵	内線
fridge	**room key**	**door lock**	**house phone**
フリッジ	ルーム キー	ドー ロック	ハウス フォウン

~していただけますか？
Could you ~ ?
クッジュー ~

すぐに部屋まで来る	修理する	取り替える
come right away	**fix it**	**replace it**
カム ライタウェイ	フィクスィットゥ	リプレイスィットゥ

部屋を掃除する	ベッドメイキングする
make up my room	**make my bed**
メイカップ マイ ルーム	メイク マイ ベッドゥ

~が部屋にありません。
There's no ~ in my room.
デアズ ノウ ~ イン マイ ルーム

石けん	シャンプー	タオル	トイレットペーパー
soap	**shampoo**	**towel**	**toilet paper**
ソウプ	シャンプー	タウル	トイレットゥ ペイパー

ホテルでのトラブル

〜が水漏れしています。
The 〜 is leaking.
ダ 〜 イズ リーキング

天井	蛇口	お風呂	トイレ
ceiling	faucet / tap	bathtub	toilet
スィーリング	フォースィットゥ / タップ	バスタブ	トイレットゥ

〜できません。
I can't 〜.
アイ キャントゥ 〜

インターネットに接続する	目覚まし時計を設定する
access the Internet	set the alarm clock
アクセス ディ インターネットゥ	セッディ アラーム クロック

セーフティボックスを開ける	鍵を閉める
open the safety deposit box	lock the door
オウプン ダ セイフティ デポズィットゥ ボックス	ロック ダ ドー

もともと壊れていましたよ。
This didn't work from the start.
ディス ディドゥントゥ ワーク
フロム ダ スタートゥ

「ホテルでのトラブル」のやりとり

隣の部屋がうるさいです。
The room next door is noisy.
ダ　ルーム　ネックス　ドー　イズ　ノイズィ

鍵を部屋に置いて出てしまいました。
I'm locked out.
アイム　ロックトゥ　アウトゥ

鍵を失くしてしまいました。
I lost my room key.
アイ　ロストゥ　マイ　ルームキー

部屋が暖かく（涼しく）なりません。
The room isn't warm (cool).
ダ　ルーム　イズントゥ　ウォーム（クール）

水が止まりません。
The water won't stop.
ダ　ウォーラー　ウォウントゥ　スタップ

お湯が出ません。
There's no hot water.
デアズ　ノウ　ハッ　ウォーラー

トイレの水が流れません。
The toilet won't flush.
ダ　トイレットゥ　ウォウントゥ　フラッシュ

トイレがつまってしまいました。
The toilet is blocked up.
ダ　トイレットゥ　イズ　ブロックトゥ　アップ

ホテルでのトラブル

あいにくですが、空室がございません。
Sorry, but no vacancies.
ソーリィ バットゥ ノウ ヴェイカンスィーズ

部屋をお移りになりますか?
Do you want to change rooms?
ドゥユー ウォントゥー チェインジ ルームズ

ただ今、開けにまいります。
I'll open it now.
アイル オウプン ニットゥ ナウ

お名前と部屋番号は?
Your name and room number?
ヨー ネイム アンドゥ ルーム ナンバー

交換代をいただきます。
You have to pay for it.
ユー ハフトゥ ペイフォー イットゥ

お名前と部屋番号は?
Your name and room number?
ヨー ネイム アンドゥ ルーム ナンバー

確認いたします。
I'll check on it.
アイル チェッコン ニットゥ

修理いたします。
We'll fix it.
ウィール フィクスィットゥ

4章

食べる

レストランで
「レストランで」の単語……66　　メニューを見る……76
注文する……77　　食事中に……78　　会計する……79
「レストランで」のやりとり……80

ファストフード店で
「ファストフード店で」の単語……82　　注文する……84
好みを伝える……85　　「ファストフード店で」のやりとり……86

カフェで
「カフェで」の単語……88　　注文する……90
お願いする……91　　「カフェで」のやりとり……92

屋台・デリで
「屋台・デリで」の単語……94　　注文する……96
お願いする……97　　「屋台・デリで」のやりとり……98

バー・パブで
「バー・パブで」の単語……100　　注文する……102
たずねる……103　　「バー・パブで」のやりとり……104

「レストランで」の単語

レストランで注文するなら、このフレーズ！

サーロインをください。
Sirloin, please. / I'll have a sirloin.
サーロイン プリーズ / アイル ハヴァ サーロイン

肉 meat	ステーキ **steak** ステイク	ヒレ肉 **filet / tenderloin** フィレイ / テンダロイン

フィレミニヨン **filet mignon** フィレイ ミニョン *ヒレの尾に近い部分のステーキ	シャトーブリアン **chateaubriand** シャトウブリアン *ヒレ肉の中でも高級な部分	サーロイン（ロース） **sirloin** サーロイン

Tボーン **T-bone** ティー ボウン *T字型の骨のついたサーロインとヒレ肉の部分	ポーターハウス **porterhouse** ポーラーハウス *Tボーンの中でも高級な部分

ニューヨークストリップ **New York strip** ニューヨーク ストゥリップ	*サーロインより柔らかいショートロインを使用したステーキ

あばら肉 **rib** リブ	リブロース **rib eye** リブ アイ	特上リブロース **prime rib** プライム リブ	骨付きカルビ **short rib** ショートゥ リブ

ハラミ **skirt** スカートゥ	サガリ **hanger** ハンガー	（牛の）胸肉 **brisket** ブリスキットゥ	子牛（の肉） **veal** ヴィール

レストランで

鶏肉	手羽肉	(鶏の)胸肉	(鶏の)もも肉
chicken	**wing**	**breast**	**thigh**
チキン	ウィング	ブレストゥ	サーイ

(鶏の)すね肉	(鶏の)ささみ
drumstick	**chicken breast filet**
ドラムスティック	チキン　ブレストゥ　フィレイ

豚肉	ラム(子羊)肉	七面鳥の肉
pork	**lamb**	**turkey**
ポーク	ラム	トゥーキー

子羊のあばら肉	骨付き肉	ラムチョップ
rack of lamb	**chop**	**lamb chop**
ラッコヴ　ラム	チャップ	ラム　チャップ

マトンチョップ	レバー(肝臓)	コンビーフ
mutton chop	**liver**	**corned beef**
マトゥン　チャップ *骨付きの羊肉	リヴァー	コーンドゥ　ビーフ

肉の焼き加減
"How do you like your steak?"
「ステーキの焼き加減はどうなさいますか？」

*順番に生(raw)へ近くなります。

ウェルダン	ミディアムウェル	ミディアム
well-done	**medium-well**	**medium**
ウェルダン	ミーディアム　ウェル	ミーディアム

ミディアムレア	レア	ブルー(レア)
medium-rare	**rare**	**blue (rare)**
ミーディアム　レー	レー	ブルー(レー)

「レストランで」の単語

レストランで注文するなら、このフレーズ！

ロブスターをください。
Lobster, please. / I'll have a lobster.
ラブスター　プリーズ / アイル　ハヴァ　ラブスター

魚介類 seafood	エビ(中型) **prawn** プローン	エビ(小型) **shrimp** シュリンプ	ロブスター **lobster** ラブスター
貝 **shellfish** シェルフィッシュ	ムール貝 **mussel** マソー	ホタテ貝 **scallop** スカラップ	ハマグリ **clam** クラム

牡蠣(カキ) **oyster** オイスター	カニ **crab** クラブ	クラブケーキ **crab cake** クラブ ケイク *カニのハンバーグ	イカ **squid** スクウィッドゥ

ソフトシェルクラブ **soft-shell crab** ソッフシェル クラッブ *脱皮直後のカニ	タコ **octopus** アクトパス

カラマリ **calamari** キャラマーリ *イタリア料理で用いられる食用イカ	サケ **salmon** サマン	イワシ **sardine** サーディーン

マグロ **tuna** トゥーナ	マス **trout** トラウトゥ	スズキ **sea bass** スィー バス	シタビラメ **sole** ソウル	*カレイに似た大型の魚

タラ **cod** カッドゥ	カレイ **flounder** フラウンダー	オヒョウ **halibut** ハリバットゥ

レストランで

野菜・サラダ vegetables / salads

日本語	English	カタカナ
タマネギ	onion	アニアン
ホウレンソウ	spinach	スピナッチ
ダイコン	radish	ラディッシュ
トマト	tomato	トメイトウ
ニンジン	carrot	キャロットゥ
サヤインゲン(エンドウ)	string bean	ストゥリング ビーン
キュウリ	cucumber	キューカンバー
レタス	lettuce	レタス
ロメインレタス	romaine lettuce	ロウメイン レタス
キャベツ	cabbage	キャビッジ
芽キャベツ	sprout	スプラウトゥ
アボカド	avocado	アヴァカードゥ
シーザーサラダ	Caesar salad	スィーズァー サラッドゥ
コブサラダ	Cobb salad	カブ サラッドゥ
シェフサラダ	chef's salad	シェフズ サラッドゥ

*コブサラダ: 鶏肉、ゆで卵、アボカドやチーズなどが入ったサラダ
*シェフサラダ: 野菜、ゆで卵、ハムなどが入ったサラダ

ドレッシング dressings

日本語	English	カタカナ
サウザンドアイランド	Thousand Island	サウザン アイランドゥ
ヴィネグレット(フレンチ)	vinaigrette	ヴィニグレットゥ
ランチ	ranch	ランチ
ブルーチーズ	blue cheese	ブルー チーズ

*ヴィネグレット: 酢・油・香辛料のドレッシング
*ランチ: サワークリームを使ったクリーミーなドレッシング
*ブルーチーズ: ブルーチーズを使ったクリーミーなドレッシング

「レストランで」の単語

レストランで注文するなら、このフレーズ！

紅茶をください。
Tea, please. / I'll have tea.
ティー　プリーズ / アイル　ハヴ　ティー

飲み物 beverages	水 water ウォーラー	ミネラルウォーター mineral water ミヌロウ　ウォーラー

水（炭酸入り）
sparkling water / carbonated water
スパークリン　ウォーラー / カーボネイティッドゥ　ウォーラー

コーヒー coffee カーフィ	アイスコーヒー iced coffee アイストゥ　カーフィ	カフェイン抜きコーヒー decaf coffee ディーキャッフ　カーフィ

紅茶 tea ティー	アイスティー iced tea アイストゥ　ティー	レモンティー tea with lemon ティー　ウィズ　レモン	ミルクティー tea with milk ティー　ウィズ　ミウク

緑茶 green tea グリーン　ティー	ウーロン茶 oolong tea ウーロン　ティー	牛乳 milk ミウク

エスプレッソ espresso エスプレッソウ	カプチーノ cappuccino キャプチーノウ	ココア hot chocolate ハッ　チョコレットゥ

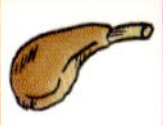

レストランで

日本語	英語	カナ
炭酸飲料	soda	ソウダ
コーラ	Coke	コウク
スプライト	Sprite	スプライトゥ
ジンジャーエール	ginger ale	ジンジャ エイウ
リンゴジュース	apple juice	アッポウ ジュース
オレンジジュース	orange juice	オーリン ジュース
生絞りジュース	freshly-squeezed juice	フレッシュリィ スクイーズドゥ ジュース
ミルクシェイク	milk shake	ミウク シェイク
レモネード	lemonade	レメネイドゥ
生ビール	draft beer	ドラフトゥ ビアー
赤ワイン	red wine	レッドゥ ワイン
白ワイン	white wine	ワイトゥ ワイン
デカンタ（カラフェ）	decanter (carafe)	ディキャンター（カラッフ）
ボトル	bottle	ボトー
ビール	beer	ビアー
ハウスワイン	house wine	ハウス ワイン
シャンパン	champagne	シャンペイン
食前酒	aperitif	アペーリティーフ
カクテル	cocktail	カクテイル
ウイスキー	whiskey	ウィスキー
日本酒	sake	サーキ
紹興酒	Chinese rice wine	チャイニーズ ライス ワイン

「レストランで」の単語

レストランで注文するなら、このフレーズ！

タルトをください。
Tart, please. / I'll have a tart.
タートゥ　プリーズ / アイル　ハヴァ　タートゥ

デザート desserts

日本語	English	カナ
アイスクリーム	ice cream	アイス　クリーム
シャーベット	sorbet	ソービットゥ
パフェ	parfait	パフェイ
サンデー	sundae	サンデイ
プリン	pudding	プディング
ゼリー	jello / jelly	ジェロウ / ジェリィ
タルト	tart	タートゥ
ムース	mousse	ムース
スフレ	soufflé	スフレイ
ニューヨークチーズケーキ	New York cheese cake	ニューヨーク　チーズ　ケイク
ティラミス	tiramisu	ティラミス
クレームブリュレ	crème brulée	クレーム　ブリュレイ
ピーカンパイ	pecan pie	ピカーン　パイ
チョコレートケーキ	chocolate cake	チョコレットゥ　ケイク
キーライムパイ	Key lime pie	キーライム　パイ
ファッジ	fudge	ファッジ
ブラウニー	brownie	ブラウニィ

*コーンシロップとピーカンナッツのパイ

*小さなライムのパイ

*砂糖、バター、ミルクなどを溶かして作る柔らかいキャンディ

調理法 cooking methods

日本語	English	カナ
あぶった	roasted	ロウスティッドゥ
網焼きした	grilled / broiled	グリウドゥ / ブロイウドゥ
炭火焼きした	charcoaled	チャーコーウドゥ
直火焼きした	barbecued	バービキュードゥ
(オーブンで)焼いた	baked	ベイクトゥ
揚げた	fried	フライドゥ
炒めた	stir-fried	ストゥーフライドゥ
ソテーした	sautéed	ソウテイドゥ
ゆでた / 煮た	boiled	ボイウドゥ
つぶした	mashed	マッシュトゥ
混ぜた	mixed	ミクストゥ
切り刻んだ	chopped	チャップトゥ
細切れにした	hashed	ハッシュトゥ
冷やした	chilled	チウドゥ
蒸した	steamed	スティームドゥ
蒸し煮した	braised	ブレイズドゥ
溶かした	melted	メルティッドゥ
生の	raw	ロー
塩漬けの	corned	コーンドゥ
たたきにした	seared	スィアードゥ
照りをつけた	glazed	グレイズドゥ
くん製にした	smoked	スモウクトゥ
マリネにした	marinated	マリネイティッドゥ
盛り合わせた	assorted	アソーティッドゥ

「レストランで」の単語

レストランでお願いするなら、このフレーズ！

塩をください。
Salt, please. サウトゥ プリーズ

調味料 seasonings

| 砂糖 sugar シュガー | 塩 salt サウトゥ | 酢 vinegar ヴィネガー |

| しょうゆ soy sauce ソイ ソース | こしょう pepper ペパー | 唐辛子 hot pepper ハッ ペパー | マスタード mustard マストゥードゥ |

| 西洋わさび horseradish ホースラディッシュ | ケチャップ ketchup ケチャップ | マヨネーズ mayonnaise メイネイズ |

| ウスターソース Worcester sauce ワスター ソース | バーベキューソース barbecue sauce バービキュー ソース | タルタルソース tartar sauce タータ― ソース |

食器類 tableware

| スプーン spoon スプーン | フォーク fork フォーク | ナイフ knife ナイフ |

| 箸（はし） chopsticks チョップスティックス | ナプキン napkin ネプキン | 取り皿 serving plate サーヴィン プレイトゥ |

| 皿 plate プレイトゥ | カップ cup カップ | グラス glass グラース |

レストランで

レストランの予約をするなら、このフレーズ！

7時に2人でお願いします。

A table for two at seven, please.
ア　テイボー　フォー　トゥー　アットゥ　セヴン　プリーズ

リクエスト requests	予約 **reservation** レザヴェイシュン	今日 **today** トゥデイ	今夜 **tonight** トゥナイトゥ

明日 **tomorrow** トゥマロウ	～日 **on ～** オン ～	～時 **at ～ o'clock** アットゥ ～ オクロック	～名 **table for ～** テイボー　フォー ～

誕生日のサプライズ **birthday surprise** バースデイ　サプラーイズ	大人 **adult** アダウトゥ	子ども **child** チャイルドゥ
	コース **course menu** コース　メニュー	子ども用のいす **kid's chair** キッズ　チェアー

席 table	窓際 **by the window** バイ　ダ　ウィンドウ	静かな席 **in a quiet corner** イナ　クワイエッ　コーナー

テラス席 **on the terrace** オン　ダ　テラッス	隅の席 **in the corner** イン　ダ　コーナー
入口付近 **near the entrance** ニア　ディ　エントランス	奥の席 **in the back** イン　ダ　バック

メニューを見る

味は〜ですか？
Is it 〜?
イズィッ 〜

甘い	辛い	しょっぱい	さっぱり	まろやか	濃い
sweet	hot	salty	light	mild	strong
スウィートゥ	ハットゥ	ソーウティ	ライトゥ	マイオドゥ	ストゥロング
酸っぱい	苦い	ピリ辛	こってり	脂っこい	薄い
sour	bitter	spicy	heavy	greasy	bland
サウワー	ビラー	スパイスィ	ヘヴィ	グリースィ	ブランドゥ

量は〜ですか？
Is it 〜?
イズィッ 〜

多い	少ない	ふつう
large	small	medium
ラージ	スモール	ミーディアム

1 (2 / 3) 人前で十分
enough for one (two / three)
イナッフォー ワン(トゥー / スリー)

〜はありますか？
Do you have 〜?
ドゥユー ハヴ 〜

箸(はし)
chopsticks
チョップスティックス

日本語のメニュー
a menu in Japanese
ア メニュー イン ジャパニーズ

乳幼児(子ども)用の食事
a baby (child) meal
ア ベイビー(チャイルドゥ) ミーウ

注文する

レストランで

> ～をください。
> **～ , please. / I'll have ～ .**
> ～ プリーズ / アイル ハヴ ～

これ	これとこれ	あれと同じもの
this one	**this and this**	**the same dish as that**
ディス ワン	ディス エン ディス	ダ セイム ディッシュ アズ ダットゥ

> ～は何ですか？
> **What's ～?**
> ワッツ ～

いちばん人気がある料理	本日のおすすめ
the most popular dish	**today's special**
ダ モウストゥ ポピュラー ディッシュ	トゥデイズ スペシャウ

自慢料理	地元料理
your specialty	**a local dish**
ヨー スペシャウティ	ア ロウカウ ディッシュ

あの人が食べているもの	この料理に合うワイン
the dish he/she is having	**a good wine for this meal**
ダ ディッシュ ヒー/シー イズ ハヴィング	ア グッ ワイン フォー ディス ミーウ

> メニューを指さしてもらえますか？
> **Could you point to it on the menu?**
> クッジュー ポイン トゥーイットゥ オン ダ メニュー

食事中に

> ～ください。
> **May I have ~?**
> メアイ ハヴ ～

水を **some water** サム ウォーラー	メニューをもう一度 **the menu again** ダ メニュー アゲイン
お皿を換えて **a clean plate** ア クリーン プレイトゥ	おかわりを **another one** アナダ ワン

> ～してもらえますか？
> **Could you ~?**
> クッジュー ～

小さく切る **cut this into small pieces** カッ ディス イントゥ スモール ピースィズ	温め直す **heat this up again** ヒーディス アッパゲン
もう少し焼く **cook this a little more** クック ディッサ リルモー	量を少なくする **reduce the portion** リデュース ダ ポーシュン

> ～したいのですが。
> **I'd like to ~.**
> アイドゥ ライクトゥ ～

注文を追加する **order some more** オーダー サム モー	取り分ける **share the dish** シェア ダ ディッシュ
	注文を取り消す **cancel my order** キャンスウ マイ オーダー

会計する

レストランで

~してもいいですか？
May I ~?
メアイ ~

ここで会計する **pay here** ペイ ヒーヤ	残りを持ち帰る **take the rest home** テイク ダ レストゥ ホーム
カードで支払う **pay with my credit card** ペイ ウィズ マイ クレディッ カードゥ	領収書をもらう **have a receipt** ハヴァ リスィートゥ
割引券を使う **use a coupon** ユーザ キューポン	別々に会計する **pay separately** ペイ セパレッリー

フォーク（ナイフ / スプーン）を落としてしまいました。
I dropped my fork (knife / spoon).
アイ ドロップトゥ マイ フォーク(ナイフ/スプーン)

まだ食べています。
I'm still eating.
アイム スティル イーティング

お会計をお願いします。
Check, please.
チェック プリーズ

ごちそうさまでした。おいしかったです。
Thank you for the meal. It was great.
サンキュー フォーダ ミーウ イッワズ グレイトゥ

「レストランで」のやりとり

予約をしている〜です。
I have a reservation for 〜.
アイ ハヴァ レザヴェイシュン フォー 〜

注文したものが来ていません。
My order hasn't come yet.
マイ オーダー ハズントゥ カム イェットゥ

これは注文していません。
I didn't order this.
アイ ディドゥン トーダー ディス

コースのメニューを変更できますか？
Can I change the dishes in the course?
キャナイ チェインジ ダ ディッシーズ イン ダ コース

ご注文はお決まりですか？
Are you ready to order?
アー ユー レディ トゥ オーダー

はい、お願いします。
Yes, please.
イェス プリーズ

ほかにご注文は？
Anything else?
エニスィン グェルス

いいえ、結構です。
No, thanks.
ノウ センクス

ご注文はすべてお揃いですか？
All set?
オール セットゥ

はい、揃っています。
Yes, thanks.
イェス センクス

レストランで

こちらへどうぞ。
This way, please.
ディス ウェイ プリーズ

お席にご案内するまでお待ちください。
Please wait to be seated.
プリーズ ウェイトゥ ビー スィーティッドゥ

ただ今お持ちします。
Just a second.
ジャスタ セカンドゥ

確認します。
Let me check.
レッミー チェック

注文を受けていません。
That order wasn't taken.
ダッ トーダー ウォズン テイクン

失礼しました。
Sorry.
ソーリィ

確認してまいります。
I'll check.
アイル チェック

もちろんです。
Of course.
オフコース

何に変えますか？
What would you like instead?
ワッ ウッジュー ライク インステッドゥ

どれですか？
Which one?
ウィッチ ワン

申し訳ございませんが、できません。
Sorry, you can't.
ソーリィ ユー キャーントゥ

もう少し待ってください。
Just a moment, please.
ジャスタ モウメントゥ プリーズ

もうお腹がいっぱいです。
I'm full, thank you.
アイム フォ センキュー

いいえ、まだです。
No, not yet.
ノウ ナッ イェットゥ

「ファストフード店で」の単語

ファストフード店で注文するなら、このフレーズ！

タコスをください。
Taco, please. / I'll have a taco.
ターコウ　プリーズ / アイル　ハヴァ　ターコウ

ファストフード fast food	ハンバーガー hamburger ハンバガー	チーズバーガー cheeseburger チーズバーガー
チキンバーガー chicken burger チキン　バーガー	フィッシュバーガー fish burger フィッシュ　バーガー	ベジタブルバーガー veggie burger ヴェジ　バーガー
アンガスバーガー Angus burger アンガス　バーガー *スコットランド原産の牛肉を使ったもの	クォーターパウンダー quarter pounder クォーラー　パウンダー *1/4ポンド（約113グラム）の肉を使ったもの	
フライドチキン fried chicken フライドゥ　チケン	クリスピーチキン crispy chicken クリスピー　チケン	チキンナゲット chicken nuggets チキン　ナギッツ
バッファローウィング Buffalo wings バファロウ　ウィングズ *鶏の手羽先を揚げたもの		フライドポテト French fries フレンチ　フライズ
オニオンリング onion rings アニアン　リングズ	ハッシュドポテト hash browns ハッシュ　ブラウンズ	

ファストフード店で

ローストビーフサンド
roast beef sandwich
ロウストゥ ビーフ サンウィッチ

クラブサンド
club sandwich
クラブ サンウィッチ

チキンサンド
chicken sandwich
チケン サンウィッチ

BLTサンド
BLT sandwich
ビーエルティー サンウィッチ
＊B（ベーコン）、L（レタス）、T（トマト）

ラップ
wrap
ラップ
＊トルティーヤという薄い皮で肉や野菜を巻いたもの

ピザ
pizza
ピッツァ

タコス
taco
ターコウ

ナチョス
nachos
ナーチョウズ
＊豆やチーズ、香辛料をトルティーヤにのせて焼いたもの

コールスロー
coleslaw
コウルスロー

ブリトー
burrito
ブリートウ
＊肉や豆をトルティーヤで包んだもの

ガーデンサラダ
garden salad
ガードゥン サラッドゥ
＊レタスなど生野菜のサラダ

無脂肪乳
fat-free milk
ファッフリー ミウク

低脂肪乳
low-fat milk
ロウファットゥ ミウク

ルートビア
root bear
ルートゥ ビアー
＊ノンアルコールの甘い炭酸飲料

シェイク
shake
シェイク

ダイエットコーラ
Diet Coke
ダイエットゥ コウク

ポンド
lb.
パウンドゥ
＊重量を表す記号。1ポンドは約454グラム

セット
combo
コンボウ

注文する

> ～をください。
> **～ , please. / I'll have ～ .**
> ～ プリーズ / アイル ハヴ ～

これ **this one** ＊メニューの品名を ディス ワン　　指さして言う。	これとこれ **this and this** ディス エン ディス
S / M / L サイズ **a small / medium / large** ア スモール / ミーディアム / ラージ	～番のセットメニュー **the number ～ combo** ダ ナンバー ～ コンボウ
バリューセット **value combo** ヴァリュー コンボウ	それぞれ1つずつ **one of each** ワンノヴ イーチ

> ～できますか。
> **Can I ～ ?**
> キャナイ ～

これを持ち帰りにする **have this to go** ハヴ ディス トゥ ゴウ	水をもらう **have some water** ハヴ サム ウォーラー
ポテトを～サイズに変える **change to a ～ size fries** チェインジ トゥ ア ～ サイズ フライズ	セットのポテトをサラダに変える **change the fries to a salad** チェインジ ダ フライズ トゥ ア サラッドゥ

好みを伝える

> ファストフード店で

〜抜きでお願いします。
No 〜, please.
ノウ 〜 プリーズ

〜を少なめでお願いします。
Please go easy on the 〜.
プリーズ ゴウ イーズィ オン ダ 〜

〜を多めでお願いします。
Extra 〜, please.
エクストゥラ 〜 プリーズ

タマネギ onions アニアンズ	ピクルス pickles ピクウス	マスタード mustard マストゥードゥ	マヨネーズ mayonnaise メイネイズ
ケチャップ ketchup ケチャップ	ドレッシング dressing ドレッスィング	ハラペーニョ jalapeño ハラペイニョウ *メキシコの唐辛子	ホットソース hot sauce ハッ ソース *ピリ辛ソース
ハニーマスタード honey mustard ハニイ マストゥードゥ *ハチミツとマスタードに酢を入れたドレッシング		ワカモレ guacamole グワカモウレイ *アボカドのソース	

ここで食べます。
For here / Eat in, please.
フォー ヒヤ / イーティン プリーズ

テイクアウトします。
To go / Take away, please.
トゥ ゴウ / テイカウェイ プリーズ

「ファストフード店で」のやりとり

ご注文はお決まりですか？
May I take your order?
メアイ テイキョー オーダー

店内でお召し上がりですか、お持ち帰りですか？
For here or to go?
フォー ヒヤ オア トゥ ゴウ

スペシャルセットはいかがですか？
How about the special menu?
ハウ アバウ ダ スペシャウ メニュー

マスタードとタマネギはどういたしますか？
Would you like mustard and onions?
ウッジュー ライク マストゥードゥ アン ダニアンズ

他にご注文は？
Anything else?
エニスィン ゲェルス

注文は以上です。
That's all.
ダッツ オール

ファストフード店で

はい、Aセットをお願いします。
I'll have the A combo.
アイル ハヴ ディ エイ コンボウ

まだ決まっていません。
Not yet.
ナッ イェットゥ

ここで食べます。
For here, please.
フォー ヒヤ プリーズ

持ち帰ります。
To go, please.
トゥ ゴウ プリーズ

はい、お願いします。
Yes, please.
イェス プリーズ

いいえ、結構です。
No, thanks.
ノウ センクス

マスタードだけお願いします。
Mustard only, please.
マストゥードゥ オウンリー プリーズ

両方お願いします。
Both, please.
ボウス プリーズ

タマネギだけお願いします。
Onions only, please.
アニアンズ オウンリー プリーズ

両方いりません。
Neither, please.
ナイダー プリーズ

それから、〜のS（M / L）サイズをください。
Also, a small (medium / large) 〜, please.
オルソウ ア スモール（ミーディアム / ラージ） 〜 プリーズ

これで全部です。
That's all.
ダッツ オール

ここでお待ちください。
Wait here, please.
ウェイトゥ ヒヤ プリーズ

番号札をお持ちになり、お席でお待ちください。
Take a number and wait at your table.
テイカ ナンバー アンドゥ ウェイ タッチョー テイボー

「カフェで」の単語

カフェで注文するなら、このフレーズ！

マフィンをください。
Muffin, please. / I'll have a muffin.
マフィン プリーズ / アイル ハヴァ マフィン

飲み物 beverages	コーヒー **coffee** カーフィ	アイスコーヒー **iced coffee** アイストゥ カーフィ
カフェモカ **café mocha** キャフェイ モウカ	カフェラテ **café latte** キャフェイ ラーテイ	カフェオレ **café au lait** キャフェイ オウレイ
カプチーノ **cappuccino** キャプチーノウ	キャラメルマキアート **caramel macchiato** キャラメウ マッキャート	
エスプレッソ **espresso** エスプレッソウ	ダブルエスプレッソ **double espresso** ダボー エスプレッソウ	アメリカーノ **Americano** アメリカーノ *エスプレッソにお湯を加えたもの
カフェイン抜きコーヒー **decaf coffee** ディーキャッフ カーフィ	本日のコーヒー **today's brew** トゥデイズ ブリュー	
ココア **hot chocolate** ハッ チョコレットゥ		豆乳ラテ **soy latte** ソイ ラーテイ

カフェで

紅茶 **tea** ティー	アイスティー **iced tea** アイストゥ ティー	ミルクティー **tea with milk** ティー ウィズ ミウク
アールグレイ **Earl Grey** アロ グレイ	ダージリン **Darjeeling** ダージッリン	アッサム **Assam** アッサーム
セイロン **Ceylon** スィラン	チャイ **chai** チャイ	ハーブティー **herbal tea** アーボウ ティー
ミントティー **mint tea** ミントゥ ティー	カモミール **chamomile** カモマイル	

食べ物 food	スコーン **scone** スカーン	マフィン **muffin** マフィン	クロワッサン **croissant** クワーサーン
ドーナツ **doughnut** ドウナットゥ	シナモンロール **cinnamon roll** スィナマン ロウル		デニッシュ **Danish** デイニッシュ
フレンチトースト **French toast** フレンチ トウストゥ	パンケーキ **pancake** パンケイク		カップケーキ **cupcake** カップケイク
レアチーズケーキ **no-bake cheesecake** ノウベイク チーズケイク	アップルパイ **apple pie** アッポウ パーイ		

注文する

~をください。
~ , please. / I'll have ~ .
~ プリーズ / アイル ハヴ ~

これ this one ディス ワン	これとこれ this and this ディス エン ディス
Sサイズ small / short スモール / ショートゥ	Mサイズ medium / tall ミーディアム / トール
Lサイズ large / grande ラージ / グランデ	オリジナルブレンド house blend ハウス ブレンドゥ

~入りでお願いします。
With ~ , please.
ウィズ ~ プリーズ

~抜きでお願いします。
Without ~ , please.
ウィザウトゥ プリーズ

砂糖 sugar シュガー	ミルク cream クリーム	レモン lemon レメン
氷 ice アイス	ホイップクリーム whipped cream ウィップトゥ クリーム	シナモン cinnamon スィナマン

お願いする

カフェで

~してください。
Please ~.
プリーズ

温める
heat it up
ヒーリラップ

持ち帰りにする
make it to go
メイキッ トゥ ゴウ

紙袋に入れる
put it in a paper bag
プリリンナ ペイパーバッグ

もっとナプキンを入れる
give me more napkins
ギッミー モー ネプキンズ

買ったコーヒー豆を挽く
grind my coffee beans
グラインドゥ マイ カーフィ ビーンズ

~をもらえますか？
Can I have ~?
キャナイ ハヴ ~

メニュー	水	おかわり	ナプキン	ストロー
a menu	**some water**	**a refill**	**a napkin**	**a straw**
ア メニュー	サム ウォーラー	ア リフィウ	ア ネプキン	ア ストゥロー

この席は空いてますか？
Is this chair taken?
イズ ディス チェア テイクン

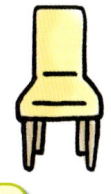

これは無料ですか？
Is this free of charge?
イズ ディス フリー オヴ チャージ

「カフェで」のやりとり

> こちらでお召し上がりですか、お持ち帰りですか？
> **For here or to go?**
> フォー ヒヤ オア トゥ ゴウ

> サイズは何になさいますか？
> **What size would you like?**
> ワッ サイズ ウッジュー ライク

> ミルクとお砂糖はお使いになりますか？
> **Would you like cream and sugar?**
> ウッジュー ライク クリーム アン シュガー

> 紅茶にレモンはお入れしますか？
> **Would you like lemon for your tea?**
> ウッジュー ライク レメン フォー ヨー ティー

> 頼んだものと違うのですが。
> **This is not what I ordered.**
> ディスィズ ノッ ワライ オーダードゥ

92

カフェで

ここで食べます。
For here, please.
フォー ヒヤ プリーズ

持ち帰ります。
To go, please.
トゥ ゴウ プリーズ

ショートサイズでお願いします。
Short, please.
ショートゥ プリーズ

トールサイズでお願いします。
Tall, please.
トール プリーズ

ミルクだけ下さい。
Only cream, please.
オウンリー クリーム プリーズ

両方下さい。
Yes, please.
イェス プリーズ

砂糖だけ下さい。
Only sugar, please.
オウンリー シュガー プリーズ

いいえ、結構です。
No, thanks.
ノウ センクス

はい、お願いします。
Yes, please.
イェス プリーズ

ストレートで。
I'll have it straight.
アイル ハヴェッ ストゥレイトゥ

確認いたします。
Let me check.
レッミー チェック

すぐに取り替えます。
I'll change it right away.
アイル チェインジットゥ ライタウェイ

「屋台・デリで」の単語

屋台・デリで注文するなら、このフレーズ！

チュロスをください。
Churro, please. / I'll have a churro.
チューロ　プリーズ / アイル　ハヴァ　チューロ

屋台 vendors	ホットドッグ **hot dog** ハッ　ドーグ	チリドッグ **chili dog** チリー ドーグ	アメリカンドッグ **corn dog** コーン　ドッグ
ベーグル **bagel** ベイゴー	プレッツェル **pretzel** プレツゥ	チュロス **churro** チューロ *砂糖をまぶした棒状の揚げパン	

ワッフル **waffle** ワフォー	ローストナッツ **roasted nuts** ロウスティッドゥ　ナッツ	ソーセージ **sausage** ソースィッジ	フランクフルト **frankfurter** フランクファーター

クニッシュ
knish
クニッシュ
*マッシュポテトなどをパイで包んだもの

ケバブ
kebab
キバーブ
*中東の串焼き肉料理

(ペットボトルの)水 **bottled water** ボトードゥ　ウォーラー	炭酸水 **soda (water)** ソウダ(ウォーラー)

ソフトクリーム **ice cream cone** アイス　クリーム　コウン	アイスキャンディ **Popsicle** パプスィコウ

屋台・デリで

デリ delis

パストラミサンド
pastrami sandwich
パッスラーミ　サンウィッチ
*牛肩肉のくん製のサンドイッチ

ターキーサンド
turkey sandwich
トゥーキー　サンウィッチ

コンビーフサンド
corned beef sandwich
コーンドゥ　ビーフ　サンウィッチ

ローストビーフサンド
roast beef sandwich
ロウストゥ　ビーフ　サンウィッチ

ルーベンサンド
Reuben sandwich
ルーベン　サンウィッチ
*ライ麦パンにコンビーフやザワークラウト、スイスチーズなどをはさんだもの

サブ
sub
サァブ
*長いロールパンのサンドイッチ

ブロス
broth
ブロース
*肉や米、野菜などのだし汁のスープ

卵麺入りスープ
egg noodle soup
エッグ　ヌードゥ　スープ

チキンヌードルスープ
chicken noodle soup
チケン　ヌードゥ　スープ

スプリットピースープ
split pea soup
スプリットゥ　ピー　スープ
*乾燥して割ったサヤエンドウのスープ

クラムチャウダー
clam chowder
クラム　チャウダー

トスサラダ
tossed salad
トストゥ　サラッドゥ
*ドレッシングであえてあるサラダ

(ハムなど)冷肉
cold cuts
コウルドゥ　カッツ

注文する

> ～お願いします。
> **I'd like ～.**
> アイドゥ ライク～

サンドイッチをハーフサイズで **half a sandwich** ハーファ　サンウィッチ	ひと皿分のサラダを **one plate of salad** ワン　プレイトヴ　サラッドゥ
ボール1杯分のスープを **one bowl of soup** ワン　ボウロヴ　スープ	クルトンを多めに **extra croutons** エクストゥラ　クルートンズ
もっとクラッカーを **more crackers** モー　クラッカーズ	飲み物のおかわりを **a refill** ア　リフィウ

> これを～ポンド分ください。
> **～ pound of this, please.**
> ～ パウンドヴ　ディス　プリーズ

1 **one** ワン *約454グラム	1／2 **half** ハーフ *約227グラム
1／4 **quarter** クォーラー *約113グラム	3／4 **three quarter** スリー　クォーラー *約340グラム

お願いする

屋台・デリで

～してもらえますか？
Could you ～?
クッジュー ～

Yes, please!

2つに切る	袋に入れる
cut it in two	**put it in a bag**
カッ　リンナトゥ	プッリッリンナ　バッグ
マヨネーズを多めに	ドレッシングを少なめに
put extra mayonnaise	**put less dressing**
プッ　テクストゥラ　メイネイズ	プッ　レス　ドレッスィング

ドレッシングは～でお願いします。
～ dressing, please.
～ ドレッスィング　プリーズ

イタリアン	フレンチ	サウザンアイランド	ブルーチーズ
Italian	**French**	**Thousand Island**	**blue cheese**
イタリアン	フレンチ	サウザン　アイランドゥ	ブルー　チーズ
ランチ	オイル	ビネガー	なし
ranch	**oil**	**vinegar**	**no**
ランチ	オイウ	ヴィネガー	ノウ

それじゃなくて、これです。
Not that one, this one, please.
ノッ　ダッ　ワン
ディス　ワン　プリーズ

「屋台・デリで」のやりとり

サンドイッチのパンはどのタイプにしますか？
What kind of bread?
ワッ カインドヴ ブレッドゥ

具は何にします？
What about meat?
ワラバウ ミートゥ

チーズは？
What about cheese?
ワラバウ チーズ

野菜は？
Vegetables?
ヴェジタボウズ

ドレッシングはかけないで別容器にお願いします。
I'd like the dressing on the side.
アイドゥ ライク ダ ドレッスィン オン ダ サイドゥ

屋台・デリで

白パンで。
White.
ワイトゥ

全粒粉(小麦)パンで。
Wheat.
ウィートゥ

ライ麦パンで。
Rye.
ライ

クロワッサンで。
Croissant.
クワーサーン

ターキーで。
Turkey.
トゥーキー

ローストビーフで。
Roast beef.
ロウストゥ ビーフ

ハムで。
Ham.
ハッム

ツナで。
Tuna.
トゥーナ

チキンで。
Chicken.
チケン

パストラミで。
Pastrami.
パッスラーミ

スイスで。
Swiss.
スウィス

チェダーで。
Cheddar.
チェダー

いりません。
No, thanks.
ノウ センクス

キュウリで。
Cucumber.
キューカンバー

オリーブで。
Olive.
オリヴ

ピーマンで。
Pepper.
ペパー

全部のせてください。
The works.
ダ ワークス

何がありますか？
What do you have?
ワッ ドゥユー ハヴ

かしこまりました。
Sure, no problem.
シューア ノウ プロブレム

あいにく容器がないんです。
Sorry, we don't have any containers.
ソーリィ ウィ ドウントゥ ハッ ヴェニィ コンテイナーズ

「バー・パブで」の単語

バー・パブで注文するなら、このフレーズ！

ラガーをください。
Lager, please. / I'll have a lager.
ラーガー　プリーズ / アイル　ハヴァ　ラーガー

ビール beer	生ビール **draft / draught** ドラフトゥ	ラガー **lager** ラーガー *いわゆる日本で主流のビール	ピルスナー **Pilsner** ピウスナー *ラガーの一種で、日本で飲まれているものの大半

エール **ale** エイウ *イギリスでポピュラーな苦味のあるビール	スタウト **stout** スタウトゥ *エールの一種で黒ビール	ビター **bitter** ビター *濃褐色のエール

ペールエール **pale ale** ペイウ　エイウ *淡色のビール	ブラウンエール **brown ale** ブラウン　エイウ *甘口のエール	瓶ビール **bottled beer** ボトードゥ　ビアー

輸入ビール **imported beer** インポーティッドゥ　ビアー	国産ビール **domestic beer** ドメスティック　ビアー	地ビール **local beer** ロウカウ　ビアー

ワイン wine	赤ワイン **red wine** レッドゥ　ワイン	白ワイン **white wine** ワイトゥ　ワイン	シャンパン **champagne** シャンペイン

ロゼワイン **rosé wine** ロウゼイ　ワイン	スパークリングワイン **sparkling wine** スパークリン　ワイン

バー・パブで

蒸留酒 spirits	ウイスキー **whiskey** ウィスキー	スコッチ **scotch** スコッチ	バーボン **bourbon** バーベン
ウォッカ **vodka** ヴォドゥカ		ジン **gin** ジン	テキーラ **tequila** ティキーラ
ブランデー **brandy** ブランディ	コニャック **cognac** コウニャック	ラム **rum** ラム	

カクテル cocktails	マルガリータ **Margarita** マーガリータ	ジンフィズ **Gin Fizz** ジン フィズ	ジントニック **Gin and tonic** ジンナン トニック
マティーニ **Martini** マーティーニ		ダイキリ **Daiquiri** ダークリー	マンハッタン **Manhattan** マンハタン
ブラッディマリー **Bloody Mary** ブラディ メアリー		ギムレット **Gimlet** ギムレットゥ	ソルティドッグ **Salty Dog** ソウティ ドーグ
テキーラサンライズ **Tequila Sunrise** ティキーラ サンライズ	スクリュードライバー **Screwdriver** スクリュードライヴァー		キール **Kir** キアー
トムコリンズ **Tom Collins** トム コリンズ	シンガポールスリング **Singapore Sling** スィンガポー スリング		ミモザ **Mimosa** ミモウザ

注文する

～をお願いします。
～ , please. / I'll have ～ .
～ プリーズ / アイル ハヴ ～

おかわり
another one
アナダ ワン

1パイントの ～ **a pint of ～** ア パイントヴ ～	*1パイント＝ （英）では 568 ミリリットル （米）では 473 ミリリットル	ハーフパイントの ～ **a half pint of ～** ア ハーフ パイントヴ ～
～のボトル **a bottle of ～** ア ボトロヴ ～		～のピッチャー **a pitcher of ～** ア ピチャー ロヴ ～

ウイスキーの～をお願いします。
A whiskey ～ , please.
ア ウィスキー ～ プリーズ

ストレート **straight up** ストゥレイ ラップ	オンザロック **on the rocks** オンダ ロックス	水割り **and water** アン ウォーラー

*「シングル」は single（スィンゴー）、「ダブル」は double（ダボー）

それは～ですか？
Is it ～ ?
イズィッ～ ?

甘口 **sweet** スウィートゥ	辛口 **dry** ドゥライ	強い **strong** ストゥロング	弱い **weak** ウィーク

たずねる

バー・パブで

〜はありますか?
Do you have 〜 ?
ドュ ユー　ハヴ 〜

ノンアルコールドリンク **anything non-alcoholic** エニスィン　ノン　アルコホーリック	オリジナルのカクテル **any original cocktails** エニイ　オリジノウ　カクテイルズ
フィッシュ・アンド・チップス **fish and chips** フィッシュン　チップス	キドニーパイ **kidney pie** キッニー　パーイ
ソーセージ・アンド・マッシュ **sausage and mash** ソースィッジァン　マッシュ	ポテトチップ **potato chips / crisps** ポウテイトウ　チップス / クリッスプス

〜できますか?
Can I 〜 ?
キャナイ 〜

食事も
eat something here
イートゥ　サムスィン　ヒヤ

水をもらう **have some water** ハヴ　サム　ウォーラー	まとめて支払う **start a tab** スタータ　タッブ	クレジットカードを使う **use a credit card** ユーザ　クレディッ　カードゥ

お酒(おつまみ)のメニューを
お願いできますか?
May I have a drink list (food menu)?
メアイ　ハヴァ　ドリンク
リストゥ(フードゥ メニュー)

「バー・パブで」のやりとり

何にいたしましょうか？
What can I get you?
ワッ キャナイ ゲッチュー

身分証明証を見せてください。
I need to see your ID.
アイ ニーットゥ スィー ヨー アイディー

店内で喫煙はできますか？
Can I smoke in the bar?
キャナイ スモウク イン ダ バー

サービスタイムは何時からですか？
What time is your happy hour?
ワッタイム イズ ヨー ハピー アワー

閉店は何時ですか？
What time do you close?
ワッタイム ドゥユー クロウズ

アルコールのラストオーダーです。
Last call for alcohol.
ラストゥ コール フォー アルコホール

タクシーを呼んでもらえますか？
Could you call a taxi?
クッジュー コーラ タクスィ

バー・パブで

ウイスキーをロックで。
A whiskey on the rocks, please.
ア ウィスキー オンダ ロックス プリーズ

ビールをお願いします。
I'll have a beer.
アイル ハヴァ ビアー

こちらです。
Here it is.
ヒー イッ イズ

すみません、忘れてしまいました。
Sorry, I forgot it.
ソーリー アイ フォーガリッ

はい、できます。
Yes, you can.
イェス ユー キャン

申し訳ありません、喫煙は外でお願いします。
Sorry. Outside, please.
ソーリィ アウトサイドゥ プリーズ

〜時から…時です。
From 〜 to ….
フロム 〜 トゥ …

サービスタイムはございません。
We don't have a happy hour.
ウィ ドウントゥ ハヴァ ハピー アワー

1	2	3	4	5	6	AM
7	8	9	10	11	12	PM

〜時閉店です。
At 〜.
アットゥ 〜

朝まで営業しています。
We're open all night.
ウィア オウプン オール ナイトゥ

ビールをもう1杯お願いします。
Another beer, please.
アナダー ビアー プリーズ

もう結構です。
I'm done, thanks.
アイム ダン センクス

わかりました、少々お待ちください。
Yes, please wait.
イェス プリーズ ウェイトゥ

何名さまですか？
For how many people?
フォー ハウメニ ピーポー

5章 買う

洋服を買う
「洋服を買う」の単語……108
欲しいものを伝える……112　　試着する……114
購入する……115　　「洋服を買う」のやりとり……116

靴を買う
「靴を買う」の単語……118　　欲しいものを伝える……120
試着する……121　　「靴を買う」のやりとり……122

バッグ・時計を買う
「バッグ・時計を買う」の単語……124
欲しいものを伝える……126
「バッグ・時計を買う」のやりとり……128

アクセサリー・宝石を買う
「アクセサリー・宝石を買う」の単語……130
欲しいものを伝える……132
「アクセサリー・宝石を買う」のやりとり……134

化粧品を買う

「化粧品を買う」の単語……136
欲しいものを伝える……138
「化粧品を買う」のやりとり……140

雑貨・インテリア・食器を買う

「雑貨・インテリア・食器を買う」の単語……142
欲しいものを伝える……144
「雑貨・インテリア・食器を買う」のやりとり……146

小物・日用品・薬を買う

「小物・日用品・薬を買う」の単語……148
欲しいものを伝える……152
症状を伝える……155
「小物・日用品・薬を買う」のやりとり……156

「洋服を買う」の単語

洋服を買うときは、このフレーズ!

> コートを探しています。
> # I'm looking for a coat.
> アイム ルッキンフォー ア コウトゥ

洋服 clothes	ジャケット jacket ジャケットゥ	コート coat コウトゥ	スーツ suit スートゥ
シャツ shirt シュートゥ	ブラウス blouse ブラウス	パンツ pants / trousers ペンツ / トラウザーズ	スカート skirt スカートゥ
ワンピース dress ドレス	チュニック tunic トゥーニック	ニット knitwear ニットウェー	セーター sweater スウェター
カーディガン cardigan カーディゲン		パーカー hoodie フディ	Tシャツ T-shirt ティーシュートゥ
ジーンズ jeans ジーンズ	チノパン chinos チーノウズ	ハーフパンツ shorts ショーツ	
カーゴパンツ cargo pants カーゴウ ペンツ	スウェット sweatshirt スウェッシュートゥ	ポロシャツ polo shirt ポウロウ シュートゥ	
	ブレザー blazer ブレイザー	トレンチコート trench coat トゥレンチ コウトゥ	

洋服を買う

日本語	英語	カナ
ベスト	vest / waistcoat	ヴェストゥ / ウェスケットゥ
靴下	socks	ソックス
Gジャン	denim jacket	デネム ジャケットゥ
レギンス	leggings	レギンズ
キャミソール	camisole	カッミソウル
下着	underwear	アンダウェー
タンクトップ	tank top	テンク トップ
タイツ	tights	タイツ
ストッキング	stockings	スタキンズ
ランジェリー	lingerie	ロンジャレイ
パジャマ	pajamas	パジャーマズ

タイプ types

日本語	英語	カナ
長袖	long-sleeved	ロング スリーヴドゥ
半袖	short-sleeved	ショートゥ スリーヴドゥ
七分袖	three quarter sleeved	スリー クォーラー スリーヴドゥ
袖なし	sleeveless	スリーヴレス
丸首	crew neck	クルーネック
Vネック	V-neck	ヴィーネック
タートルネック	turtleneck / polo neck	タートウネック / ポウロウ ネック
ホルターネック	halterneck	ハルターネック
プルオーバー	pullover	プウオウヴァ
（上着の）シングル	single-breasted	スィンゴー ブレスティッドゥ
（上着の）ダブル	double-breasted	ダボー ブレスティッドゥ

*頭からかぶって着るタイプ

「洋服を買う」の単語

洋服のことを聞くときは、このフレーズ！

> グレーはありますか？
> **Do you have gray?** ドゥユー ハヴ グレイ

色 colors

色	英語	カナ
黒 ●	black	ブラック
白 ○	white	ワイトゥ
グレー ●	gray / grey	グレイ
茶 ●	brown	ブラウン
紺 ●	navy	ネイヴィ
青 ●	blue	ブルー
黄 ●	yellow	イェロウ
緑 ●	green	グリーン
赤 ●	red	レッドゥ
黄緑 ●	lime green	ライム グリーン
紫 ●	purple	パーポー
すみれ色 ●	violet	ヴァイオレットゥ
オレンジ ●	orange	オーリンジ
ベージュ ●	beige	ベイジ
カーキ ●	khaki	キャーキ
えんじ ●	dark red	ダーク レッドゥ
水色 ●	light blue	ライトゥ ブルー
暗い〜色	dark 〜	ダーク 〜
明るい〜色	light 〜	ライトゥ 〜
濃い〜色	deep 〜	ディープ 〜
淡い〜色	pale 〜	ペイウ 〜

サイズ sizes

日本語	英語	カナ
Sサイズ	small	スモール
Mサイズ	medium	ミーディアム
Lサイズ	large	ラージ
胸囲	bust / chest	バストゥ / チェストゥ
胴囲	waist	ウェイストゥ
丈	length	レングス
幅	width	ウィドゥス

洋服を買う

素材 materials

日本語	English	カタカナ
ウール	wool	ウォル
綿	cotton	カトゥン
麻	linen	リニン
シルク	silk	スィウク
カシミヤ	cashmere	キャシミー
モヘア	mohair	モウヘア
ビロード	velvet	ヴェウヴェットゥ
コーデュロイ	corduroy	コードゥロイ
デニム	denim	デネム
フランネル	flannel	フラノー
毛皮	fur	ファー
羽毛	feather	フェダー
綿毛	down	ダウン

革 leather / skins

日本語	English	カタカナ
牛	cow	カウ
子牛	calf	カーフ
羊	sheep	シープ
ダチョウ	ostrich	アッスリッチ
山羊	goat	ゴウトゥ
子山羊	kid	キッドゥ
豚	pig	ピッグ
ワニ	crocodile	クロコダイウ
ムートン	mouton	ムートン
スエード	suede	スウェイドゥ
エナメル	patent leather	パトゥントゥ レダー

化学繊維 synthetic fibers

日本語	English	カタカナ
ポリエステル	polyester	パリエスター
ポリウレタン	spandex	スパンデックス
ナイロン	nylon	ナイロン
レーヨン	rayon	レイヨン
アクリル	acrylic	アクリリック
ゴム	rubber	ラバー

欲しいものを伝える

> これの〜はありますか？
> **Do you have this in 〜 ?**
> ドュユー ハヴ ディス イン 〜

違う色 **different colors** ディファレントゥ　カラーズ	違う素材 **different materials** ディファレントゥ　マティェリアウズ
違う形 **different shapes** ディファレントゥ　シェイプス	〜号 **size 〜** サイズ 〜
大きいサイズ **a larger size** ア　ラージャー　サイズ	小さいサイズ **a smaller size** ア　スモーラー　サイズ
XSサイズ **extra small** エクストゥラ　スモール	XXLサイズ **double extra large** ダボー　エクストゥラ　ラージ
縦じま **vertical stripes** ヴァーティコウ　ストゥライプス	横じま **horizontal stripes** ホリゾントウ　ストゥライプス
水玉模様 **polka dots** ポウカ　ドッツ	千鳥格子 **houndstooth** ハウンズトゥース
2つの中間の色 **a color between these two** ア　カラー　ビトゥイーン　ディーズ　トゥー	
無地 **plain-colored** プレイン　カラードゥ	

洋服を買う

~のものを探しています。
I'm looking for something ~.
アイム ルッキンフォー サムスィン ~

カジュアル	正装用	流行
casual	dressy	in fashion now
カジュアウ	ドレッスィー	イン ファッション ナウ
春用	夏用	秋用
for spring	for summer	for autumn
フォー スプリング	フォー サマー	フォー オータム
冬用	派手目	落ち着いた感じ
for winter	colorful	quiet
フォー ウィンター	カラフォウ	クワイエットゥ

試着室はどこですか？
Where is the fitting room?
ウェアリズ ダ フィティン ルーム

見てるだけです。
Just looking. Thanks.
ジャストゥ ルッキング センクス

ちょっと考えさせてください。
Let me think about it.
レッミー スィンク アバウ ティットゥ

試着する

〜を見せてもらえますか？
Could you show me 〜 ?
クッジュー　ショウミー　〜

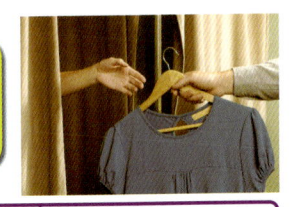

あれ	他のもの	鏡
that one	another one	a mirror
ダッ　ワン	アナダ　ワン	ア　ミロー

ディスプレイに飾ってあるもの
the one on display
ダ　ワンノン　ディスプレイ

〜です。
It's 〜 .
イッツ　〜

ぴったり	きつい	だぶだぶ	短い
just my size	tight	loose	short
ジャストゥ　マイ　サイズ	タイトゥ	ルース	ショートゥ

長い	大きい	小さい	ちょっと〜
long	big	small	a little 〜
ロング	ビッグ	スモール	ア　リル　〜

〜を持ってきてもらえますか？
Could you bring me 〜 ?
クッジュー　ブリン　ミー　〜

大きいサイズ
a larger size
ア　ラージャー　サイズ

小さいサイズ	色違い	これに合う〜
a smaller size	a different color	a good 〜 for this
ア　スモーラー　サイズ	ア　ディファレントゥ　カラー	ア　グッ　〜　フォー　ディス

購入する

洋服を買う

～できますか？
May I ～?
メアイ ～

クレジットカードで払う **use a credit card** ユーザ クレディッ カードゥ	トラベラーズチェックで払う **use traveler's checks** ユーズ トラヴェラーズ チェックス
着て帰る **keep it on** キーピッ トン	余分に袋をもらう **have extra bags** ハッ ヴェクストゥラ バッグズ

～してもらえますか？
Could you ～?
クッジュー ～

裾上げ **hem these pants** ヘム ディーズ ペンツ	丈を直す **adjust the length** アジャストゥ ダ レングス	プレゼント用に包む **gift-wrap it** ギフトゥ ラッピットゥ
別々に包む **wrap them separately** ラップ デム セパレッリー	免税手続き **make it tax free** メイキッ タックス フリー	

これを試着してもいいですか？
May I try this on?
メアイ トライ ディッ ソン

これにします。
I'll take this.
アイル テイク ディス

「洋服を買う」のやりとり

(写真を見せながら)これと同じものはありますか?
Do you have this?
ドゥユー ハヴ ディス

(写真を見せながら)こんなようなものを探しているのですが。
I'm looking for something like this.
アイム ルッキンフォー サムスィン ライク ディス

ディスプレイと同じものを購入したいのですが。
I'd like to buy what's on display.
アイドゥ ライクトゥ バイ ワッツ オン ディスプレイ

これの新品はありますか?
Do you have a new one of this?
ドゥユー ハヴァ ニュー ワン ノヴ ディス

これをください。
I'll take this.
アイル テイク ディス

返品の条件はありますか?
What's your return policy?
ワッツ ヨー リターン ポリスィー

洋服を買う

当店にはございません。
Sorry, we don't.
ソーリィ ウィー ドウントゥ

ええ、お持ちします。
Yes, I'll be right back.
イェス アイル ビー ライトゥ バック

これなんかどうです？
How about this?
ハウ アバウ ディス

うちにはないですね。
Unfortunately, we don't have any.
アンフォーチュネッリィ ウィ ドウントゥ ハッ ヴェニィ

こちらに同じものがございます。
Here are the same ones.
ヒアラー ダ セイム ワンズ

そちらは現品限りです。
That's the last one.
ダッツ ダ ラストゥ ワン

ええ、お持ちしましょう。
Sure, I'll go get it.
シューア アイル ゴウ ゲリットゥ

見てきます。
Let me check.
レッミー チェック

お支払いはどうなさいますか？
How would you like to pay?
ハウ ウッジュー ライクトゥ ペイ

カードですか、現金ですか？
Charge or cash?
チャージ オー キャッシュ

〜 以内なら可能です。
You may return items within 〜.
ユー メイ リターン ナイテムズ ウィズイン 〜

返品不可です。
No returns.
ノウ リターンズ

「靴を買う」の単語

靴を買うときは、このフレーズ！

> サンダルを探しています。
> **I'm looking for sandals.**
> アイム ルッキンフォー サンダウズ

靴 footwear	スニーカー **sneakers / trainers** スニーカーズ / トレイナーズ	ブーツ **boots** ブーツ

サンダル **sandals** サンダウズ	ローファー **loafers** ロウファーズ	モカシン **moccasins** マクスィンズ
スリッポン **slip-ons** スリッポンズ		

ハイキングシューズ **hiking boots** ハイキン ブーツ	ワークブーツ **work boots** ワーク ブーツ	ランニングシューズ **running shoes** ラニン シューズ

ウォーキングシューズ **walking shoes** ウォーキン シューズ	ドライビングシューズ **driving shoes** ドライヴィン シューズ

長靴 **rain boots** レイン ブーツ	スパイク **cleats** クリーツ	登山靴 **mountain-climbing boots** マウンテンクライミン ブーツ
スリッパ **slippers** スリッパーズ		ビーチサンダル **flip-flops / thongs** フリップ フロップス / ソーングズ

靴を買う

婦人靴 / women's shoes

日本語	English	カタカナ
ハイヒール	high heels	ハイ ヒーヨズ
パンプス	pumps / court shoes	パンプス / コートゥ シューズ
フラットシューズ	flats / pumps	フラッツ / パンプス
バレエフラット	ballet flats	バレイ フラッツ
バックストラップ	slingbacks	スリングバックス
ピンヒール	stilettos	スティレトウズ
グラディエーター	gladiators	グラディエイターズ
オープントゥ	open-toe	オウプン トゥ
ウェッジソール	wedge shoes	ウェッジ シューズ
プラットフォーム	platforms	プラッフォームズ
ブーティー	booties	ブーティーズ
ミュール	mules	ミューウズ
サボ	clogs	クロッグズ

紳士靴 / men's shoes

日本語	English	カタカナ
ストレートチップ	cap toe / straight tip	キャップ トウ / ストゥレイ ティップ
ブローグ	brogues *爪先に飾りのあるタイプ	ブロウグズ
プレーントゥ	plain toe *爪先に飾りのないタイプ	プレイン トウ
革底	leather sole	レダー ソウル
ゴム底	rubber sole	ラバー ソウル
モンクストラップ	monk shoes *バックルで甲を締めるタイプ	マンク シューズ
チャッカブーツ	chukka boots *くるぶし丈のブーツ	チャッカ ブーツ

欲しいものを伝える

〜を探しています。
I'm looking for 〜.
アイム　ルッキンフォー 〜

これの黒 **these in black** ディーズ　イン　ブラック	これのサイズ 〜 **these in size 〜** ディーズ　イン　サイズ 〜
ビジネス用のもの **business shoes** ビズネッ　シューズ	パーティー用のもの **party shoes** パーリー　シューズ
履きやすいもの **comfortable shoes** カンファタボウ　シューズ	この服に合うもの **nice shoes for these clothes** ナイッ　シューズ　フォー ディーズ　クロウズ

〜を持ってきてもらえますか？
Could you bring me 〜?
クッジュー　ブリン　ミー 〜

サイズの合うもの **the right size** ダ ライトゥ　サイズ	サイズ 〜 **size 〜** サイズ 〜	これの青 **these in blue** ディーズ　イン　ブルー
これの色違い **these in different colors** ディーズ　イン　ディファレントゥ　カラーズ		これと似たもの **something like these** サムスィン　ライク　ディーズ

試着する

靴を買う

~してもいいですか？
May I ~?
メアイ ~

試着
try these on
トライ ディー ゾン

歩いてみる
walk around
ウォー カラウンドゥ

~はありますか？
Do you have ~?
ドゥユー ハヴ ~

試着用のソックス **try-on socks** トライオン ソックス		サイズの換算表 **a size conversion chart** ア サイズ コンヴァージュン チャートゥ
靴べら **a shoehorn** ア シューホーン	靴ひも **shoe laces** シュー レイスィーズ	中敷き **insoles** インソウルズ
靴クリーナー **a shoe cleaner** ア シュー クリーナー	靴クリーム **a shoe polish** ア シュー ポリッシュ	防水スプレー **a waterproof spray** ア ウォーラープルーフ スプレイ

足のサイズを測ってもらえますか？
Could you measure my shoe size?
クッジュー メジャー マイ シュー サイズ

爪先（幅）がきついです。
It's tight in the toe (width).
イッツ タイティンダ トウ（ウィドゥス）

「靴を買う」のやりとり

これを試着したいのですが。
I'd like to try these on.
アイドゥ ライクトゥ トライ ディーゾン

2X.5センチは何サイズですか？
What's the size for 2X.5 centimeters?
ワッツダ サイズ フォー トゥウェンティ X ポイン ファイヴ センティミーターズ

きついみたいです。
These feel too tight.
ディーズ フィール トゥー タイトゥ

大きすぎるみたいです。
They are too big.
デイアー トゥー ビッグ

履いて帰りたいのですが。
I'd like to wear these home.
アイドゥ ライクトゥ ウェア ディーズ ホーム

靴を買う

ご自由にお試しください。
Feel free to try them on.
フィール フリー トゥ トライ デムォン

こちらにおかけください。
Please have a seat here.
プリーズ ハヴァ スィートゥ ヒーヤ

アメリカではサイズ〜です。
It's 〜 in the US.
イッツ 〜 インダ ユーエス

イギリスではサイズ〜です。
It's 〜 in the UK.
イッツ 〜 インダ ユーケイ

ワンサイズ上のものをお持ちします。
I'll bring you the next size up.
アイル ブリンギュー ダ ネクストゥ サイ ザップ

だんだん伸びますよ。
They stretch.
デイ ストレッチ

小さいサイズを試してみましょう。
Try a smaller size.
トライ ア スモーラー サイズ

もうそれしかないんですよ。
Those are the last pair.
ドウザー ダ ラストゥ ペー

もちろんかまいませんよ。
No problem.
ノウ プロブレム

古い靴を箱にお入れしますか。
Do you need a box for the old ones?
ドゥユー ニーダ バックス フォーディ オウルドゥ ワンズ

「バッグ・時計を買う」の単語

バッグ・時計を買うときは、このフレーズ！

トランクを探しています。
I'm looking for a trunk.
アイム　ルッキンフォー　ア　トランク

バッグ bags	ハンドバッグ handbag ハンドゥバッグ	ショルダーバッグ shoulder bag ショウルダー　バッグ
トートバッグ tote bag トウトゥ バッグ	クラッチバッグ clutch クラッチ	ホーボーバッグ hobo ホウボウ　*三日月形のショルダーバッグ

アタッシュケース attaché case アタシェイ　ケイス	ブリーフケース briefcase ブリーフケイス

トランク trunk トランク	ボストンバッグ overnight bag / duffle bag オウヴァナイトゥ　バッグ / ダフォー　バッグ
リュックサック backpack / rucksack バックパック / ラックサック	キャリーケース（バッグ） trolley case (bag) トロリィ　ケイス（バッグ）
ポーチ pouch パウチ	化粧品ポーチ cosmetic bag / makeup bag コズメティック　バッグ / メイカップ　バッグ

バッグ・時計を買う

時計 watches

日本語	English	カタカナ
アナログ	analogue	アナローグ
デジタル	digital	ディジタウ
クオーツ式	quartz	クォーツ

手巻き式 wind-up / manual winding
ワインダップ / マニュアウ ワインディング

自動巻き self-winding / automatic
セウフワインディング / オートマティック

太陽電池式 solar-powered
ソウラー パワードゥ

アンティーク時計 antique watch
アンティーク ワッチ

懐中時計 pocket watch
ポキットゥ ワッチ

ゴム製ストラップ rubber strap
ラバー ストゥラップ

革ベルト leather strap
レダー ストゥラップ

小物 accessories

日本語	English	カタカナ
札入れ	wallet	ウォレットゥ
小銭入れ	coin purse	コイン パース
名刺入れ	card holder	カードゥ ホウルダ

傘 umbrella
アンブレッラ

日傘 parasol
パラソー

折り畳み傘 folding umbrella
フォウルディン アンブレッラ

メガネ glasses
グラッスィーズ

サングラス sunglasses
サングラッスィーズ

欲しいものを伝える

～はどれですか？
Which is ～ ?
ウィッチーズ ～

新作 **the new arrival** ダ ニュー アライヴァゥ	定番 **a basic item** ア ベイスィッ カイテム	いちばん人気があるもの **the most popular** ダ モウストゥ ポピュラー
素材のいいもの **the one with high quality material** ダ ワン ウィズ ハイ クオリティ マティェリアゥ		手作りのもの **handmade** ハンドゥメイドゥ
日本未入荷のもの **the one not available in Japan** ダ ワン ノッ タヴェイラボゥ イン ジャパン		いちばん売れているもの **the best selling** ダ ベストゥ セリング

～のスーツケースを探しています。
I'm looking for a ～ suitcase.
アイム ルッキンフォー ア ～ スートゥケイス

軽量 **lightweight** ライトゥウェイトゥ	衝撃に強い **shockproof** ショックプルーフ
キャスター付き **rolling** ロウリング	TSAロック付き **TSA lock** ティーエスエイ ロック *アメリカ運輸保安局（TSA）認可のカギ

バッグ・時計を買う

> ～(付き)の腕時計を探しています。
> **I'm looking for a/an ~ watch.**
> アイム ルッキンフォー ア / アン ～ ウォッチ

角型	丸型	クロノグラフ
rectangular	**round**	**chronograph**
レクタンギュラー	ラウンドゥ	クラナグラッフ

白い(黒い)文字盤	万年(年次)カレンダー	
white (black) dial	**perpetual (annual) calendar**	
ワイトゥ(ブラック) ダイアウ	パーペチュアウ(アニュアウ) キャレンダー	

防水	目覚まし	ステンレス(チタン)
waterproof	**alarm**	**stainless steel (titanium)**
ウォーラープルーフ	アラーム	ステインレッ スティーウ(タイテイニアム)

> このバッグ(腕時計)を見せてください。
> **Could you show me this bag (watch)?**
> クッジュー ショウミー ディス バッグ(ワッチ)

> 税込ですか？
> **Tax included?**
> タックス インクルーディッドゥ

> 修理していただけますか？
> **Could you repair this?**
> クッジュー リペア ディス

「バッグ・時計を買う」のやりとり

（写真を見せながら）これとまったく同じものが欲しいのですが。
I'd like to have exactly the same one.
アイドゥ ライクトゥ ハヴ イグザクトゥリィ ダ セイム ワン

この素材は何ですか？
What's the material of this?
ワッツダ マティェリアウ オヴ ディス

このカバンは今すぐに使います。
I'll use this bag right now.
アイル ユーズ ディス バッグ ライッナウ

この時計の保証期間は何年ですか？
How many years guarantee does this watch have?
ハウメニ イヤーズ ギャランティ ダズ ディス ワッチ ハヴ

時計に名前を入れていただけますか？
Could you engrave my name?
クッジュー イングレイヴ マイ ネイム

バッグ・時計を買う

当店では扱っておりません。
Unfortunately, we don't have any.
アンフォーチュネッリィ ウィ ドウントゥ ハッ ヴェニイ

こちらがそうですね。
Here it is.
ヒー イッ イズ

革です。
Leather.
レダー

ナイロンです。
Nylon.
ナイロン

ジュートです。
Jute.
ジュートゥ
*麻の一種

チタンです。
Titanium.
タイティニアム

アルミです。
Aluminum.
アルーミナム

プラスチックです。
Plastic.
プラスティック

フェイクレザーです。
Artificial leather.
アーティフィシャウ レダー

かしこまりました。
OK, sure.
オウケイ シューア

タグをお取りしましょう。
I'll take the tag out.
アイル テイク ダ タグ アウトゥ

〜年間です。
〜 years.
〜 イヤーズ

永久保証いたします。
A life-time guarantee.
ア ライフタイム ギャランティー

イニシャルでよろしいですか?
Your initials?
ヨー イニシュウズ

何とお入れしましょうか?
How would you like it?
ハウ ウッジュー ライキットゥ

「アクセサリー・宝石を買う」の単語

アクセサリー・宝石を買うときは、このフレーズ！

指輪を探しています。
I'm looking for a ring.
アイム　ルッキンフォー　ア　リング

アクセサリー jewelry	指輪 ring リング	ネックレス necklace ネックレス	イヤリング earrings イアリングズ

ピアス stud earrings スタッドゥ イアリングズ	クリップオンイヤリング clip-on earrings クリッポン　イアリングズ	フープイヤリング hoops フープス
ペンダント pendant ペンダントゥ	ペンダントトップ pendant top ペンダン　トップ	

ブローチ brooch ブロウチ	チャーム charm チャーム	カメオ cameo キャミオウ	バングル bangle バンゴー
ロケット locket ラキットゥ	ブレスレット bracelet ブレイスレットゥ		アンクレット anklet アンクレットゥ
	エンゲージリング engagement ring エンゲイジメントゥ　リング		

カフスボタン cufflinks カフリンクス	ネクタイピン tie-pin タイピン	チョーカー choker チョウカー

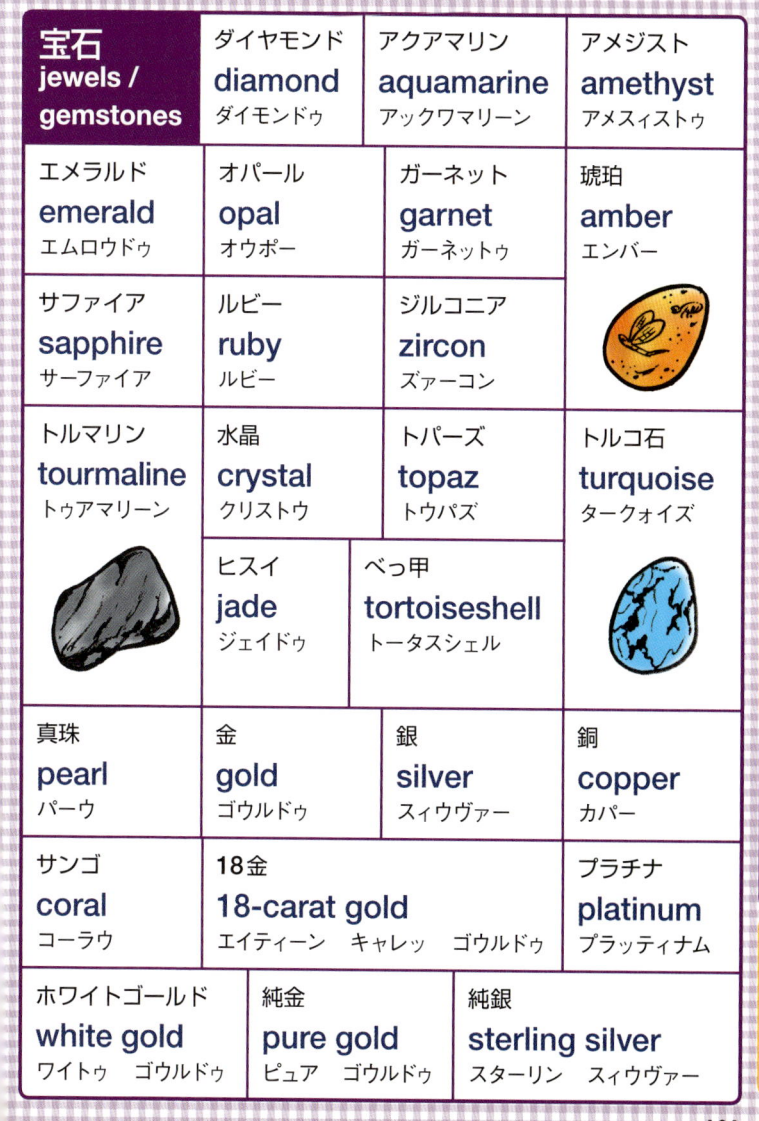

アクセサリー・宝石を買う

宝石 jewels / gemstones	ダイヤモンド diamond ダイモンドゥ	アクアマリン aquamarine アックワマリーン	アメジスト amethyst アメスィストゥ
エメラルド emerald エムロウドゥ	オパール opal オウポー	ガーネット garnet ガーネットゥ	琥珀 amber エンバー
サファイア sapphire サーファイア	ルビー ruby ルビー	ジルコニア zircon ズァーコン	
トルマリン tourmaline トゥアマリーン	水晶 crystal クリストゥ	トパーズ topaz トウパズ	トルコ石 turquoise タークォイズ
	ヒスイ jade ジェイドゥ	べっ甲 tortoiseshell トータスシェル	
真珠 pearl パーウ	金 gold ゴウルドゥ	銀 silver スィウヴァー	銅 copper カパー
サンゴ coral コーラウ	18金 18-carat gold エイティーン　キャレッ　ゴウルドゥ		プラチナ platinum プラッティナム
ホワイトゴールド white gold ワイトゥ　ゴウルドゥ	純金 pure gold ピュア　ゴウルドゥ	純銀 sterling silver スターリン　スィウヴァー	

欲しいものを伝える

~を見せてもらえますか？
Could you show me ~ ?
クッジュー ショウミー ~

これ
this one
ディス ワン

手前のもの	真ん中のもの
the one in the front	**the one in the middle**
ダ ワン イン ダ フラントゥ	ダ ワン イン ダ ミドゥ
奥のもの	その右（左）隣
the one in the back	**the one on the right (left) of it**
ダ ワン イン ダ バック	ダ ワン オン ダ ライトゥ（レフトゥ） オヴ イットゥ

~してもいいですか？
May I ~ ?
メアイ ~

試着する	近くで見る	手に取る
try it on	**see it up close**	**touch it**
トライッ トン	スィー イッタップ クロウス	タッチェットゥ

これは~ですか？
Is this ~ ?
イズディス ~

	新作
	the new arrival
	ダ ニュー アライヴァゥ
定番	人気がある
a basic item	**popular**
ア ベイスィッ カイテム	ポピュラー
鑑定書付き	模造品
certified	**an imitation**
サーティファイドゥ	アン ニミテイシュン

アクセサリー・宝石を買う

～は何ですか？
What's the ～?
ワッツ ダ ～

この宝石の名前	このダイヤ(金)のカラット数
name of this gem	**carat of this diamond (gold)**
ネイモヴ ディス ジェム	キャレットヴ ディス ダイモンドゥ(ゴウルドゥ)

～のための品です。
It's for ～.
イッツ フォー ～

記念日	婚約	結婚	贈り物
an anniversary	**an engagement**	**a wedding**	**a present**
アン ナニヴァーサリィ	アン ネンゲイジメントゥ	ア ウェディング	ア プレゼントゥ

自分	妻 / 夫	娘 / 息子
me	**my wife / husband**	**my daughter / son**
ミー	マイ ワイフ / ハズバンドゥ	マイ ドーラー / サン

母 / 父	彼女 / 彼	友人
my mother / father	**her / him**	**my friend**
マイ マダー / ファーダー	ハー / ヒム	マイ フレンドゥ

日本では～号の指輪をつけています。
I wear a size ～ ring in Japan.
アイ ウェア ア サイズ ～ リング イン ジャパン

予算～くらい(以内)で探しているのですが。
I'm looking for something around (under) ～.
アイム ルッキンフォー サムスィン アラウンドゥ(アンダー) ～

「アクセサリー・宝石を買う」のやりとり

このネックレスを試着したいのですが。
I'd like to try this necklace on.
アイドゥ ライクトゥ トライ ディス ネックレッ ソン

指のサイズを測ってもらえますか。
Could you measure my ring size?
クッジュー メジャー マイ リング サイズ

指輪サイズの早見表はありますか？
Do you have a ring size chart?
ドゥユー ハヴァ リング サイズ チャートゥ

彼女へのプレゼントを探しているのですが。
I'm looking for a gift for her.
アイム ルッキンフォー ア ギフトゥ フォー ハー

プレゼント用に包装してください。
I'd like it gift-wrapped.
アイドゥ ライキッ ギフトゥ ラップトゥ

アクセサリー・宝石を買う

ええ、どうぞ。
Yes, sure.
イェス シューア

こちらはご試着できません。
Sorry, you can't.
ソーリィ ユー キャーントゥ

指を見せてください。
Let me see your finger.
レッミー スィー ヨー フィンガー

計測器をお持ちします。
I'll get the ring gauge.
アイル ゲッダ リング ゲイジ

こちらです。
Here it is.
ヒー イッ イズ

調べてみます。
Let me check.
レッミー チェック

どんなジュエリーですか？
What kind of jewelry?
ワッ カインドヴ ジューリィ

ご予算は？
What's your budget?
ワッツ ヨー バジェットゥ

箱でよろしいですか。
Is a box OK?
イザ バックス オウケイ

有料になります。
There is a charge.
デアリズ ア チャージ

「化粧品を買う」の単語

化粧品を買うときは、このフレーズ！

チークを探しています。
I'm looking for a blush.
アイム　ルッキンフォー　ア　ブラッシュ

化粧品 cosmetics	ファンデーション **foundation** ファウンデイシュン	リキッドファンデーション **liquid foundation** リクウィッドゥ　ファウンデイシュン

コンシーラー **concealer** コンスィーラー	パウダー **powder** パウダー	チーク **blush / blusher** ブラッシュ / ブラッシャー

	アイブロウペンシル **eyebrow pencil** アイブラウ　ペンソー	アイシャドー **eye shadow** アイ　シャドゥ

マスカラ **mascara** マスキャーラ	アイライナー **eyeliner** アイライナー	ビューラー **eyelash curler** アイラッシュ　カーラー

口紅 **lipstick** リップスティック	リップグロス **lipgloss** リップグロス	

マニキュア **nail polish** ネイウ ポリッシュ	除光液 **nail polish remover** ネイウ　ポリッシュ　リムーヴァー	パフ **puff** パフ
	コンパクト **compact** カンパクトゥ	リフィル（詰替用） **refill** リフィウ

化粧品を買う

スキンケア skincare	化粧水 **lotion** ロウシュン	乳液 **milk** ミウク

化粧落とし **makeup remover** メイカップ リムーヴァー	クレンジングフォーム **cleansing foam** クレンズィン フォウム
クレンジングオイル **cleansing oil** クレンズィン オイウ	クレンジングクリーム **cleansing cream** クレンズィン クリーム

保湿化粧水 **moisture lotion** モイスチャー ロウシュン	保湿クリーム **moisturizing cream** モイスチュライズィン クリーム

保湿剤 **moisturizer** モイスチュライザー	美容液 **beauty serum** ビューティ スィアラム	パック **face pack / mask** フェイス パック/マスク

あぶらとり紙 **blotting paper** ブロッティン ペイパー	洗顔せっけん **facial soap** フェイシャウ ソウプ	アトマイザー **atomizer** アタマイザー

オーデコロン **cologne** クロウン	香水 **perfume** パーフューム

オードトワレ **toilet water** トイレットゥ ウォーラー	日焼けオイル **suntan oil** サンタン オイウ	日焼け止め **sunscreen** サンスクリーン

欲しいものを伝える

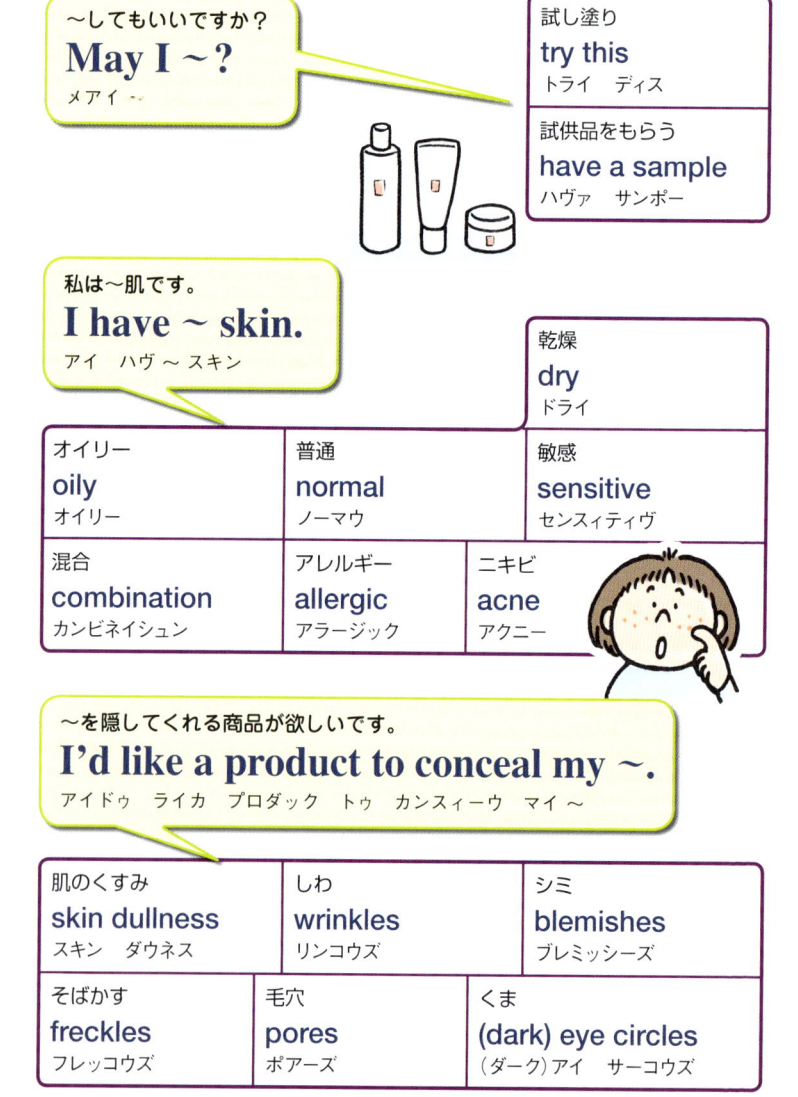

～してもいいですか？
May I ～?
メアイ ～

試し塗り	試供品をもらう
try this トライ ディス	**have a sample** ハヴァ サンポー

私は～肌です。
I have ～ skin.
アイ ハヴ ～ スキン

乾燥
dry   ドライ

オイリー	普通	敏感
oily オイリー	**normal** ノーマウ	**sensitive** センスィティヴ
混合	アレルギー	ニキビ
combination カンビネイシュン	**allergic** アラージック	**acne** アクニー

～を隠してくれる商品が欲しいです。
I'd like a product to conceal my ～.
アイドゥ ライカ プロダック トゥ カンスィーウ マイ ～

肌のくすみ	しわ	シミ
skin dullness スキン ダウネス	**wrinkles** リンコウズ	**blemishes** ブレミッシーズ
そばかす	毛穴	くま
freckles フレッコウズ	**pores** ポアーズ	**(dark) eye circles** (ダーク)アイ サーコウズ

化粧品を買う

〜はありますか？
Do you have 〜?
ドゥユー ハヴ 〜

保湿成分の入ったもの **moisturizer** モイスチュライザー	紫外線予防のもの **a UV protection product** ア ユーヴィー プロテクシュン プロダクトゥ
美白効果のあるクリーム **skin whitening cream** スキン ワイッニン クリーム	肌(毛穴)を引き締めるクリーム **skin (pore) tightening cream** スキン(ポーア) タイッニン クリーム
リフティング効果のあるクリーム **lifting cream** リフティン クリーム	わたしの肌色に合うファンデーション **a good foundation for me** ア グッ ファウンデイシュン フォー ミー
人気のあるマニキュア **popular nail polish** ポピュラー ネイウ ポリッシュ	流行っているアイシャドウ **trendy eye shadow** トレンディ アイ シャドウ

取り置きできますか？
Could you keep it?
クッジュー キーピットゥ

返品したいのですが。
I'd like to return this.
アイドゥ ライクトゥ リターン ディス

「化粧品を買う」のやりとり

いちばん売れている保湿クリームはどれですか？
Which moisturizing cream sells the most?
ウィッチ　モイスチュライズィン　クリーム　セルズ　ダ　モウストゥ

これはどうやって使うのですか？
How do you use this?
ハウ　ドゥユー　ユーズ　ディス

これの詰め替え用はありますか？
Is there a refill for this?
イズデア　ア　リフィウ　フォー　ディス

この写真のアイシャドーはどの色ですか？
Which color eye shadow is used in this photo?
ウィッチ　カラー　アイシャドウ　イズ　ユーズドゥ　イン　ディス　フォウトウ

口紅を販売しているコーナーはどちらですか？
Where can I find the lipstick section?
ウェア　キャナイ　ファインダ
リップスティック　セクション

化粧品を買う

こちらです。
This one.
ディス ワン

お肌のタイプは？
What's your skin type?
ワッツ ヨー スキン タイプ

こうやって使います。
I'll show you.
アイル ショウユー

この商品と一緒に使います。
You use it with this.
ユー ユーズィットゥ ウィズ ディス

ございます。
Yes, there is.
イェス デアリズ

あいにくですが、ございません。
Sorry, there isn't.
ソーリィ デア リズントゥ

この色です。
This color.
ディス カラー

これとこれのミックスですね。
It's a blend of these.
イッツァ ブレンドヴ ディーズ

ここです。
Here it is.
ヒー イッ イズ

ご案内いたします。
I'll show you.
アイル ショウユー

「雑貨・インテリア・食器を買う」の単語

雑貨・インテリア・食器を買うときは、このフレーズ！

スツールを探しています。
I'm looking for a stool.
アイム　ルッキンフォー　ア　ストゥーウ

雑貨・インテリア home furnishings	布 cloth クロース	布地 fabric ファブリック	シーツ (bed) sheet (ベッドゥ) シートゥ
枕カバー pillowcase ピロウケイス	ベッドリネン bed linen ベッドゥ　リニン　*シーツと枕カバー		ベッドカバー bed cover ベッドゥ　カヴァー
クッションカバー cushion cover クッシン　カヴァー	ラグマット rug ラァグ		棚 shelf シェウフ
テーブルランプ table lamp テイボー　ランプ	ランプシェード lampshade ランプシェイドゥ		キャンドルスタンド candle stand キャンドゥ　スタンドゥ
スツール stool ストゥーウ			サイドテーブル side table サイドゥ　テイボー
キャビネット cabinet キャビネットゥ	収納ボックス storage box ストリッジ ボックス		かご basket バスキットゥ
籐家具 rattan furniture ラタン　ファーニチャー			チェスト chest チェストゥ

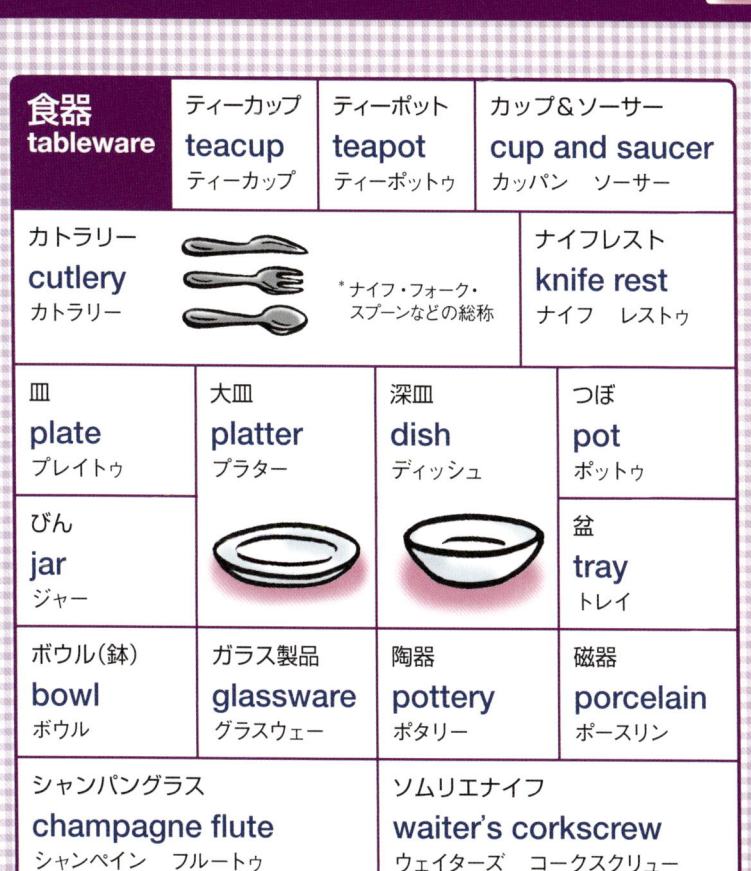

雑貨・インテリア・食器を買う

食器 tableware	ティーカップ **teacup** ティーカップ	ティーポット **teapot** ティーポットゥ	カップ&ソーサー **cup and saucer** カッパン　ソーサー

カトラリー
cutlery
カトラリー

*ナイフ・フォーク・スプーンなどの総称

ナイフレスト
knife rest
ナイフ　レストゥ

皿 **plate** プレイトゥ	大皿 **platter** プラター	深皿 **dish** ディッシュ	つぼ **pot** ポットゥ
びん **jar** ジャー			盆 **tray** トレイ
ボウル(鉢) **bowl** ボウル	ガラス製品 **glassware** グラスウェー	陶器 **pottery** ポタリー	磁器 **porcelain** ポースリン

シャンパングラス **champagne flute** シャンペイン　フルートゥ	ソムリエナイフ **waiter's corkscrew** ウェイターズ　コークスクリュー

台所用品 **kitchenware** キチンウェー	テーブルクロス **tablecloth** テイボークロース	ランチョンマット **place mat** プレイス　マットゥ
ペーパーナプキン **paper napkin** ペイパー　ネプキン	エプロン **apron** エイプラン	鍋つかみ **oven mitts** オウヴン　ミッツ

欲しいものを伝える

> これの〜はありますか？
> **Do you have this 〜?**
> ドゥユー ハヴ ディス 〜

別の形	別の素材	皿のセット
in another shape	in another material	plate in a set
イナ ナダー シェイプ	イナ ナダー マティェリアウ	プレイトゥ イナ セットゥ

別の色
in another color
イナ ナダー カラー

> これは〜ですか？
> **Is this 〜?**
> イズ ディス 〜

電子レンジで使える	オーブンで使える
microwave-safe	oven-safe
マイクロウェイヴ セイフ	オウヴン セイフ
食洗機に入れられる	防水
dishwasher-safe	waterproof
ディッシュワッシャー セイフ	ウォーラープルーフ
洗える	テフロン加工
washable	Teflon-coated
ウォッシャボー	テフラン コウティッドゥ

> このサイズのものを〜してもらえますか？
> **Could you 〜 me the size of this?**
> クッジュー 〜 ミー ダ サイゾヴ ディス

見せる	教える
show	tell
ショウ	テル

144

雑貨・インテリア・食器を買う

～してもいいですか？
May I ～?
メアイ ～

	触る **touch it** タッチェットゥ
開けて見る **open and look** オウプン アン ルック	座ってみる **sit** スィットゥ	寝てみる **lie down** ライ ダウン

この素材は～ですか？
Is this made of ～?
イズディス メイドヴ ～

			木 **wood** ウッドゥ
クルミ **walnut** ウォーウナットゥ	チーク **teak** ティーク	カエデ **maple** メイポー	オーク **oak** オウク
マツ **pine** パイン	ブナ **beech** ビーチ	カバ **birch** バーチ	ハンノキ **alder** オールダー
籐 **rattan** ラタン	メタル **metal** メトー	アルミ **aluminum** アルーミナム	銅 **copper** カパー
ステンレス **stainless steel** ステインレッ スティーウ	セラミック **ceramics** セラミックス	ガラス **glass** グラース	シリコン **silicon** スィリコウン

これは売り物ですか？
Is this for sale?
イズ ディス フォー セイウ

この商品は傷がついています（汚れています）。
This is scratched (dirty).
ディスィズ スクラッチトゥ（ドゥーティー）

「雑貨・インテリア・食器を買う」のやりとり

このランプスタンドは日本で使用できますか？
Can I use this lamp in Japan?
キャナイ ユーズ ディス ランプ イン ジャパン

これは洗濯機で洗っても大丈夫ですか？
Is this machine washable?
イズ ディス マシーン ウォッシャボー

このお皿と同じ柄のカップはありますか？
Do you have a cup matches this plate?
ドゥユー ハヴァ カップ マッチーズ ディス プレイトゥ

割れないように包んでほしいのですが。
Could you wrap it with cushioning?
クッジュー ラッピットゥ ウィズ クッショニング

日本に送ってもらえますか？
Could you send it to Japan?
クッジュー センディッ トゥ ジャパン

雑貨・インテリア・食器を買う

お調べしましょう。
Let me check.
レッミー チェック

わかりかねます。
I don't know.
アイ ドン ノウ

はい、大丈夫です。
Yes, it is.
イェス イッ イズ

クリーニングに出した方がいいですよ。
It's better to dry clean it.
イッツ ベター トゥ ドライ クリーン ニットゥ

ええ、こちらへどうぞ。
Yes, I'll show you.
イェス アイル ショウユー

セットのものはございません。
It doesn't come in a set.
イッ ダズントゥ カム インナ セットゥ

かしこまりました。
No problem.
ノウ プロブレム

別料金になりますよ。
There is an extra charge.
デアリズ アン ネクストゥラ チャージ

あいにくですが、できかねます。
Sorry, we can't.
ソーリィ ウィ キャーントゥ

お名前とご住所をお願いします。
Your name and address, please.
ヨー ネイム アン ダドレッス プリーズ

147

「小物・日用品・薬を買う」の単語

小物・日用品・薬を買うときは、このフレーズ！

> マグカップを探しています。
> **I'm looking for a mug.**
> アイム　ルッキンフォー　ア　マグ

おみやげ souvenirs	箱入りチョコレート **box of chocolates** バックス オヴ チョコレッツ	箱入りお菓子 **box of sweets** バックス オヴ スウィーツ

キーホルダー **key chain** キー　チェイン	マグカップ **mug** マグ	コースター **coaster** コウスター

スノードーム **snow globe** スノウ　グロウブ	おもちゃ **toy** トーイ	ぬいぐるみ **stuffed toy / soft toy** スタッフトゥ トーイ / ソフトゥ トーイ

野球帽 **baseball cap** ベイスボー　キャップ	ユニフォーム **uniform / jersey** ユニフォーム / ジャーズィ	マグネット **magnet** マグネットゥ

シール **seal** スィーウ	ステッカー **sticker** スティッカー	缶バッジ **button badge** バトゥン　バッジ	ピンバッジ **pin badge** ピン　バッジ

(金属・陶器製の)人形 **figurine** フィギュリン	マスコット人形 **mascot doll** マスカットゥ　ドール	おまもり **amulet / talisman** アミュレットゥ / タリスマン

小物・日用品・薬を買う

服飾雑貨 accessories

日本語	英語	読み
ネクタイ	tie	ターイ
スカーフ	scarf	スカーフ
ストール	stole	ストウル
ショール	shawl	ショール
マフラー	muffler / scarf	マフラー / スカーフ
手袋	gloves	グラヴズ
ベルト	belt	ベウトゥ
ハンカチ	handkerchief	ヘンケチーフ
ポケットチーフ	pocket square	ポキットゥ スクウェー

文房具 stationery

日本語	英語	読み
ボールペン	ballpoint pen	ボールポイントゥ ペン
シャープペンシル	mechanical pencil	メカニコウ ペンソー
万年筆	fountain pen	ファウンテン ペン
ポストカード	postcard	ポウスカードゥ
レターセット	letter set	レラー セットゥ
便せん	letter paper	レラー ペイパー
封筒	envelope	エンヴロウプ
ペーパーナイフ	paper knife	ペイパー ナイフ
マウスパッド	mouse pad	マウス パッドゥ
メモ用紙	memo pad	メモウ パッドゥ
メモ帳	notepad	ノウトゥパッドゥ
クリアファイル	clear file folder	クリア ファイウ フォウルダー
アドレス帳	address book	アドレス ブック
カレンダー	calendar	キャレンダー

「小物・日用品・薬を買う」の単語

小物・日用品・薬を買うときは、このフレーズ！

パンを探しています。
I'm looking for bread.
アイム　ルッキンフォー　ブレッドゥ

日用品・食品 daily goods & foods	お惣菜 **prepared food** プリペアードゥ　フードゥ	缶詰 **canned food** キャンドゥ　フードゥ

レトルト食品 **retort pouches** リトートゥ　パウチーズ	パン **bread** ブレッドゥ	ヨーグルト **yoghurt** ヨウガートゥ

シリアル **cereal** スィリオウ	ミネラルウォーター **mineral water** ミヌロウ　ウォーラー	紙コップ（皿） **paper cup (plate)** ペイパー　カップ（プレイトゥ）

箸（はし） **chopsticks** チョップスティックス	使い捨てスプーン（ナイフ / フォーク） **disposable spoon (knife / fork)** ディスポウザボー　スプーン（ナイフ / フォーク）

缶切り **can opener** キャン　オウプナー	歯磨き粉 **toothpaste** トゥースペイストゥ	ティッシュ **tissue** ティシュー

ビニール（ポリ）袋 **plastic bag** プラスティック　バッグ	切手 **stamp** スタンプ	電池 **battery** バテリー

小物・日用品・薬を買う

薬 medicines		

頭痛薬	風邪薬
headache pill ヘデイク ピル	**cold medicine** コウルドゥ メディスン

解熱剤	胃薬	便秘薬
fever reducer フィーヴァー リデューサー	**digestive medicine** ディジェスティヴ メディスン	**laxative** ラクセティヴ

下痢止め	痛み止め	かゆみ止め
binding medicine バインディン メディスン	**painkiller** ペインキラー	**anti-itch cream** アンタイ イッチ クリーム

咳止め	のどあめ	リップクリーム
cough medicine カッフ メディスン	**cough drops** カッフ ドロップス	**lip balm** リップ バーム

目薬	ばんそうこう	包帯
eyedrops アイドロップス	**Band-Aid / plaster** バンデイドゥ / プラスター	**bandage** バンデッジ

(温)湿布	消毒薬
cool (hot) patch クール(ハッ) パッチ	**antiseptic** アンティセプティック

綿棒	おむつ
cotton swabs / cotton buds カトゥン スワッブズ / カトゥン バッズ	**diapers** ダイパーズ

生理用品
sanitary items サナタリー アイテムズ

欲しいものを伝える

~はありますか?
Do you have any ~ ?
ドゥユー ハヴ エニイ ~

もっとこれと同じもの **more of these** モアロヴ ディーズ	名産品 **local specialties** ロウカウ スペシャウティーズ
民芸品 **folk craft items** フォウク クラフトゥ アイテムズ	王室御用達 **royal warrant items** ロイアウ ワラントゥ アイテムズ

~入りの商品はありますか?
Do you have any items with ~ ?
ドゥユー ハヴ エニイ アイテムズ ウィズ ~

地名 **the place-name** ダ プレイス ネイム	キャラクター **characters** キャラクターズ
チームロゴ **team logos** ティーム ロウゴウズ	サイン **autographs** オートグラッフス

~はどれですか?
Which is ~ ?
ウィッチーズ ~

	おすすめ **your recommendation** ヨー レコメンデイシュン
いちばん売れているもの **the best selling** ダ ベストゥ セリング	日本人に人気のもの **popular with Japanese** ポピュラー ウィズ ジャパニーズ

小物・日用品・薬を買う

～してもらえますか？
Could you ～?
クッジュー ～

プレゼント用に包む **gift-wrap it** ギフトゥ ラッピットゥ	
別々に包む **wrap it separately** ラッピッ セパレッリー	袋(箱)に入れる **put it in a bag (box)** プリリンナ バッグ(ボックス)

～ をもらえますか？
Can I have ～?
キャナイ ハヴ ～

袋を個数分 **bags for each** バッグズ フォー イーチ	領収書 **a receipt** ア リスィートゥ	おつり **my change** マイ チェインジ

～(金額)でどうですか？
How about ～?
ハウ アバウトゥ ～

これを ～個ください。
I'd like ～ of this.
アイドゥ ライク ～ オヴ ディス

～売り場はどこですか？
Where is the ～ aisle?
ウェアリズ ダ ～ アイオ

台所用品
kitchen supply
キッチン サプライ

洗濯用品
laundry supply
ローンドリィ サプライ

～は売っていますか？
Do you have ～?
ドゥユー ハヴ ～

カミソリ **a razor** ア レイザー	爪切り **nail clippers** ネイウ クリッパーズ	ヘアブラシ **a hairbrush** ア ヘアブラッシュ	くし **a comb** ア コウム
爪やすり **a nail file** ア ネイウ ファイウ		体温計 **a thermometer** ア サモミター	洗剤 **a detergent** ア ディタージェントゥ

洗濯バサミ **clothespins / clothes pegs** クロウズピンズ / クロウズ ペッグズ	栓抜き **a bottle opener** ア ボトー オウプナー	コルク栓抜き **a corkscrew** ア コークスクリュー

ガムテープ **a packing tape / a mailing tape** ア パッキン テイプ / ア メイリン テイプ	セロハンテープ **a Scotch tape** ア スコッチ テイプ	のり **a glue** ア グルー
輪ゴム **rubber bands** ラバー バンズ	安全ピン **safety pins** セイフティ ピンズ	懐中電灯 **a flashlight / a torch** ア フラッシュライトゥ / ア トーチ

症状を伝える

小物・日用品・薬を買う

~の症状があります。
I have ~.
アイ ハヴ ~

腹痛	頭痛	歯痛
a stomachache	a headache	a toothache
ア スタマックエイク	ア ヘデイク	ア トゥーセイク
熱	風邪	鼻風邪
a fever	a cold	a head cold
ア フィーヴァー	ア コウルドゥ	ア ヘッドゥ コウルドゥ
二日酔い	貧血	食あたり
a hangover	anemia	food poisoning
ア ヘングオウヴァー	アニーミア	フードゥ ポイゾニング

~がします。
I feel ~.
アイ フィール ~

めまい	寒気
dizzy	chilly
ディズィ	チリー

鈍痛	きりきり痛い	ずきずき痛い
a dull pain	a sharp pain	a throbbing pain
ア ダル ペイン	ア シャーッ ペイン	ア スロッビン ペイン

ここでこの薬を飲んでいいですか？
Can I take this medicine here?
キャナイ テイク ディス メディスン ヒヤ

これは食前用ですか、食後用ですか？
Do you take this before eating or after?
ドゥユー テイク ディス ビフォー イーティン オア アフター

155

「小物・日用品・薬を買う」のやりとり

～へのおみやげを探しているのですが。
I'm looking for a souvenir for my ～.
アイム ルッキンフォー ア スーヴニー フォー マイ ～

何かおみやげにおすすめのものはありますか？
Do you have any recommendations for a souvenir?
ドゥユー ハッ ヴェニイ レコメンデイシュンズ フォーア スーヴニー

展示品ではなく、新品を購入したいのですが。
I'd like to buy a new one of this display.
アイドゥ ライクトゥ バイ ア ニュー ワン オヴ ディス ディスプレイ

賞味期限はいつまでですか？
When is the best-before date for this?
ウェン イズ ダ ベストゥ ビフォー デイトゥ フォー ディス

もうちょっと安くしてもらえませんか？
Could you give me a discount?
クッジュー ギッミーア ディスカウントゥ

切り傷の薬をください。
Some medicine for cuts, please.
サム メディスン フォー カッツ プリーズ

この薬は処方箋がなくても買えますか？
Is this prescription only?
イズディス プリスクリプシュン オウンリイ

小物・日用品・薬を買う

これなど、どうですか？
How about this?
ハウ アバウ ディス

その方はおいくつくらいですか？
How old is he/she?
ハウ オウルドゥ イズ ヒー/シー

こちらが今、とても人気があります。
This one is very popular now.
ディス ワン ニズ ヴェリィ ポピュラー ナーウ

現品限りです。
That's the last one.
ダッツ ダ ラストゥ ワン

新しいものをお出しします。
I'll get you a new one.
アイル ゲッチュー ア ニュー ワン

あと〜カ月です。
It's good for 〜 months.
イッツ グッドゥ フォー 〜 マンツ

値札の通りでお願いします。
The price is as is.
ダ プライスィズ アズィーズ

やってみましょう。
I'll try.
アイル トライ

こちらです。
Here it is.
ヒー イッ イズ

うちにはおいてありません。
Sorry, we don't have any.
ソーリィ ウィ ドウントゥ ハッ ヴェニィ

買えますよ。
No, it isn't.
ノウ イッ イズントゥ

これは買えませんね。
Yes, it is.
イェス イッ イズ

157

6章
見る・遊ぶ

見る・チケットを買う
「見る・チケットを買う」の単語……160
チケットについて聞く……164　　チケットを購入する……167
「見る・チケットを買う」のやりとり①……168
「見る・チケットを買う」のやりとり②……170

観光する
「観光する」の単語……172　　観光スポットを聞く……174
ツアーに参加する……175　　「観光する」のやりとり……176

遊ぶ
「遊ぶ」の単語……178　　旅先で遊ぶ……180
スポーツなどをする……181　　「遊ぶ」のやりとり……182

「見る・チケットを買う」の単語

観劇・観戦したいときは、このフレーズ！

オペラを観に行きたいのですが。
I'd like to go to an opera.
アイドゥ ライクトゥ ゴゥ トゥ アン オプラ

アート・エンターテインメント arts / entertainments	オペラ **opera** オプラ	ミュージカル **musical** ミューズィカウ

クラシックコンサート
classical concert
クラスィカウ　カンスートゥ

ロックコンサート
rock concert
ラック　カンスートゥ

バレエ **ballet** バレイ	ダンス **dance performance** ダンス　パフォーマンス	映画 **movie** ムーヴィ

演劇 **play** プレイ	喜劇 **comedy** コメディ	悲劇 **tragedy** トラジディ	ブロードウェイ **Broadway** ブロードウェイ

オフ・ブロードウェイ
off-Broadway
オフ ブロードウェイ

いちばん人気のあるショー
the hottest show
ダ　ホッテストゥ　ショウ

お笑い
stand-up comedy
スタンダップ コメディ

ジャズクラブ **jazz club** ジャズ クラァブ	ライヴハウス **club** クラァブ

見る・チケットを買う

| スポーツ sports | サッカー **soccer / football** サカー / フッボール | 野球 **baseball** ベイスボール | ゴルフ **golf** ゴウフ |

バスケットボール **basketball** バスキッボール

アメリカンフットボール **(American) football** （アメリカン）フッボール

アイスホッケー **ice hockey** アイス ハッキ

テニス **tennis** テニッス

ラグビー **rugby** ラグビー

クリケット **cricket** クリケットゥ

ポロ **polo** ポウロウ

ボクシング **boxing** ボクスィン

プロレス **pro wrestling** プロウ レスリン

フィギュアスケート **figure-skating** フィギュア スケイティン

モータースポーツ **motorsports** モウラースポーツ

メジャーリーグ **Major League Baseball** メイジャ リーグ ベイスボール

プレミアリーグ **Premier League** プレミア リーグ

競馬 **horse racing** ホース レイスィン

カーリング **curling** カーリン

決勝 **final** ファイナウ

準決勝 **semi-final** セミ ファイナウ

準々決勝 **quarter-final** クォーラー ファイナウ

〜対〜 **〜 vs. 〜** 〜 ヴァーサス 〜

「見る・チケットを買う」の単語

チケットを買うときは、このフレーズ！

当日券をお願いします。
Today's ticket, please.
トゥデイズ　ティケットゥ　プリーズ

チケット tickets	入場券 **admission ticket** アドミッシュン　ティケットゥ	
当日券 **today's ticket / same-day ticket** トゥデイズ　ティケットゥ / セイムデイ　ティケットゥ		前売り券 **advance ticket** アドヴァンス　ティケットゥ
指定席 **reserved seat** リザーヴドゥ スィートゥ	自由席 **nonreserved seat** ノンリザーヴドゥ スィートゥ	立ち見席 **standing room** スタンディン ルーム
	大人（1人 / 複数） **adult / adults** アダウトゥ / アダウツ	こども（1人 / 複数） **child / children** チャイルドゥ / チルドレン
〜日（〜曜日）の **on 〜** オン 〜	今日 **today** トゥデイ	明日 **tomorrow** トゥマロウ
格安チケット **discount ticket** ディスカウントゥ ティケットゥ	半額チケット **half-price ticket** ハーフプライス ティケットゥ	キャンセル待ちチケット **standby ticket** スタンバイ ティケットゥ

見る・チケットを買う

座席表 seating charts

日本語	英語	カナ
列	row	ロウ
前方席	front	フラントゥ
中央席	center	センター
後方席	rear	リアー
サイド席	side	サイドゥ

最前列 the front row ダ フラントゥ ロウ

最後列 the last row ダ ラストゥ ロウ

1階席 orchestra / stalls オーキストゥラ / ストーウズ

1階(後部)席 parquet / parterre パーケイ / パーテアー

2階(前列)席 mezzanine メザニーン

2階正面席 dress circle / first balcony ドレス サーコウ / ファーストゥ バウコニー

3階席 upper circles / grand circles アパー サーコウズ / グランドゥ サーコウズ

〜階 〜 level / 〜 tier 〜 レヴェル / 〜 ティアー

桟敷席 balcony バウコニー

天井桟敷席 gallery ギャルリ

ボックス席 loge / box ロウジ / バックス

内野席 infield インフィールドゥ

外野席 outfield アウトフィールドゥ

外野席(屋根なし) bleacher ブリーチャ

ホームチーム側(1塁側) home team's side ホウム ティームズ サイドゥ

ビジターチーム側(3塁側) visitors' side ヴィズィターズ サイドゥ

☞ 劇場やスタジアムによって、座席の呼び方は異なります。

チケットについて聞く

～したいのですが。
I'd like to ～.
アイドゥ　ライクトゥ　～

～のチケットを買う	～のチケットを予約する
buy a ticket for ～	**reserve a ticket for ～**
バイ　ア　ティケッ　フォー　～	リザーヴァ　ティケッ　フォー　～

どこで～を入手することができますか？
Where can I get ～?
ウェア　キャナイ　ゲットゥ　～

～のチケット
a ticket for ～
ア　ティケッ　フォー　～

～の情報	割引チラシ
the information about ～	**a discount flyer**
ディ　インフォメイシュン　アバウトゥ　～	ア　ディスカウントゥ　フライヤー

～はありますか？
Do you have ～?
ドゥユー　ハヴ　～

	当日券
	today's ticket
	トゥデイズ　ティケットゥ

前売り券	空席
an advance ticket	**any seats available**
アン　ナドヴァンス　ティケットゥ	エニイ　スィー　ツァヴェイラボウ

座席表	無料情報誌
a seating chart	**a free listings magazine**
ア　スィーティン　チャートゥ	ア　フリー　リスティングズ　マガズィーン

見る・チケットを買う

～はいくらですか？
How much is ~ ?
ハウマッチ イズ ～

そのチケット **the ticket** ダ ティケットゥ	この席 **this seat** ディッ スィートゥ
いちばん安い席 **the cheapest seat** ダ チーペストゥ スィートゥ	当日券 **today's ticket** トゥデイズ ティケットゥ
指定席 **a reserved seat** ア リザーヴドゥ スィートゥ	自由席 **a nonreserved seat** ア ノンリザーヴドゥ スィートゥ
大人ひとり **it for one adult** イッ フォー ワン アダウトゥ	子どもひとり **it for one child** イッ フォー ワン チャイルドゥ

～ のチケットを買うのに並んでいるんですか？
Are you in line for ~ ticket?
アー ユー イン ライン フォー ～ ティケットゥ

座席表を見せていただけますか？
Could you show me the seating chart?
クッジュー ショウミー ダ スィーティン チャートゥ

～はありますか？
Do you have ～?
ドゥ ユー ハヴ ～

休憩時間 **an intermission** アン ニンターミシュン	年齢制限 **an age limit** アン ネイジ リミットゥ
昼の部 **a matinee** ア マティネイ	夜の部 **an evening performance** アン イーヴニン パフォーマンス

～は何時ですか？
What time does ～?
ワッタイム ダズ ～

開演 **it start** イッ スタートゥ	終演 **it end** イッ エンドゥ	
次の回 **the next start** ダ ネックス タートゥ	最初の回 **the first start** ダ ファーストゥ スタートゥ	最後の回 **the last start** ダ ラッス タートゥ

～はどれですか？
Which is ～?
ウィッチーズ ～

	必見 **a must-see** ア マッス スィー
(いちばん)人気がある **(the most) popular** (ダ モウストゥ) ポピュラー	評判がいい **highly praised** ハイリィ プレイズドゥ

チケットを購入する

見る・チケットを買う

〜の席をお願いします。
A seat (Seats) 〜 , please.
ア スィートゥ（スィーツ） 〜 プリーズ

前方 **in the front** イン ダ フラントゥ	真ん中 **in the middle** イン ダ ミドゥ	隣どうし **next to each other** ネックス トゥ イーチ アダー
後方 **at the back** アッ ダ バック	とにかく安い **as cheap as possible** アズ チーパズ ポッスィボー	舞台がよく見える **with a good view of the stage** ウィザ グッヴュー オヴ ダ ステイジ

（大人）〜枚、（子ども）〜枚お願いします。
〜 and 〜 , please.
〜 アンドゥ 〜 プリーズ

大人1枚 **one adult** ワン アダウトゥ	大人2（3 / 4）枚 **two (three / four) adults** トゥー（スリー / フォー） アダウツ
子ども1枚 **one child** ワン チャイルドゥ	子ども2（3 / 4）枚 **two (three / four) children** トゥー（スリー / フォー） チルドレン

この席は空いていますか？
Is this seat taken?
イズ ディス スィー テイクン

出発する・移動する・泊まる・食べる・買う・見る・遊ぶ

「見る・チケットを買う」のやりとり ①

～のチケットはまだ手に入りますか？
Can I still get a ticket for ～?
キャナイ スティル ゲッタ ティケッ フォー ～

どの席がありますか？
What kind of seats are still available?
ワッカインドヴ スィーツ アー スティル ラヴェイラボウ

いつなら席がありますか？
When do you have seats available?
ウェン ドゥユー ハヴ スィー ツァヴェイラボウ

～です。
On ～.
オン ～

このチケットの予約をしてもらえますか？
Could you reserve the ticket?
クッジュー リザーヴ ダ ティケットゥ

チケットはどこで受け取ればいいですか？
Where can I pick up the ticket?
ウェア キャナイ ピッカップ ダ ティケットゥ

子どもも入れますか？
Is there an age limit?
イズ デア アン ネイジ リミットゥ

ドレスコードはありますか？
Is there a dress code?
イズ デア ア ドレス コウドゥ

見る・チケットを買う

ええ、ございます。
Yes, you can.
イェス ユー キャン

完売しました。
All sold out.
オール ソウル ダウトゥ

どの席でもありますよ。
Any kind.
エニィ カインドゥ

こちらだけです。
Only this section.
オウンリィ ディッ セクシュン

明日なら。
Tomorrow.
トゥマロウ

当分無理ですね。
None available for the time being.
ナン ナヴェイラボウ フォーダ タイム ビーイング

かしこまりました。
Sure.
シューア

何名さまですか？
How many?
ハウメニィ

いつになさいますか？
When?
ウェン

ここではできません。
You can't here.
ユー キャントゥ ヒーヤ

ここです。
Here.
ヒーヤ

現地です。
At the venue.
アッダ ヴェニュー

〜歳以上なら大丈夫です。
Over 〜 years old.
オウヴァ 〜 イヤーズ オウルドゥ

特にございません。
Not in particular.
ノッ ティン パティキュラー

タイ（ジャケット／ワンピース）を着用してください。
Wear a tie (jacket / dress).
ウェアラ タイ（ジャケットゥ／ドレス）

「見る・チケットを買う」のやりとり ②

この席はどこですか？
Where is this seat?
ウェアリズ ディッ スィートゥ

まだ入場できますか？
Can I still go in?
キャナイ スティル ゴウ イン

〜と〜の試合のチケットはどこで買えますか？
Where can I get a ticket for 〜 vs. 〜?
ウェア キャナイ ゲッタ ティケッ フォー 〜 ヴァーサス 〜

今日の試合はどこ対どこですか？
Which teams will play in today's match?
ウィッチ ティームズ ウィル プレイ イン トゥデイズ マッチ

試合は何時から始まりますか？
What time does the match begin?
ワッタイム ダズ ダ マッチ ビギン

〜時からです。
At 〜.
アットゥ 〜

どこの競技場でやりますか？
Where is the stadium for the match?
ウェアリズ ダ ステイディアム フォー ダ マッチ

見る・チケットを買う

日本語	英語	読み方

ご案内いたします。
Follow me, please.
フォロウ ミー プリーズ

少々お待ちください。
Wait a moment, please.
ウェイタ モウメントゥ プリーズ

どうぞ。
Sure.
シューア

もうできません。
No, you can't.
ノウ ユー キャーントゥ

休憩までお待ちください。
Wait until intermission, please.
ウェイ タンティウ インターミシュン プリーズ

ここで買えますよ。
Here.
ヒーヤ

もう買えません。
None available now.
ナン ナヴェイラボウ ナウ

直接現地に行ってみてください。
Go directly to the venue.
ゴウ ディレクトリィ トゥ ダ ヴェニュー

〜対〜です。
〜 and 〜.
〜 アンドゥ 〜

1	2	3	4	5	6	AM
7	8	9	10	11	12	PM

〜です。
At 〜.
アットゥ 〜

171

「観光する」の単語

観光するなら、このフレーズ！

名所が見たいです。
I'd like to see the sights.
アイドゥ ライクトゥ スィー ダ サイツ

観光スポット tourist sites

名所	旧跡	遺跡
sights サイツ	**historic site** ヒストリック サイトゥ	**ruins** ルーインズ

記念碑	世界遺産
monument / memorial モニュメントゥ / メモリアウ	**World Heritage** ワールド ヘリテッジ

教会	大聖堂	寺院	城
church チューチ	**cathedral** カスィードラウ	**abbey** アビィ	**castle** カッスウ

宮殿	像	塔	(国立)公園
palace パレス	**statue** スタチュー	**tower** タウアー	**(national) park** (ナショナウ) パーク

庭園	美術館	博物館
garden ガードゥン	**art museum / gallery** アートゥ ミューズィアム / ギャルリ	**museum** ミューズィアム

湖	滝	岬	森	田園
lake レイク	**waterfall** ウォーラーフォール	**cape** ケイプ	**forest** フォレストゥ	**countryside** カントリーサイドゥ

観光する

観光 sightseeing		
観光案内所 **tourist information** トゥーリス ティンフォメイシュン		動物園 **zoo** ズウ
植物園 **botanical garden** ボタニカウ ガードゥン	水族館 **aquarium** アクエイリアム	入場券 **admission ticket** アドミッシュン ティケットゥ
展覧会 **exhibit** イグズィビットゥ	パンフレット **brochure** ブロウシュー	市街地図 **city map** スィティ マップ	おみやげ店 **gift shop** ギフトゥ ショップ
休館 **closed** クロウズドゥ	無休 **7 days a week** セヴン デイザ ウィーク	無料 **free** フリー	

ツアー tours

所要時間 **total tour time** トゥートー トゥアー タイム	食事付き **meals included** ミーウズ インクルーディッドゥ

日本語のガイド
a Japanese-speaking guide
ア ジャパニーズ スピーキン ガイドゥ

1日ツアー **full-day tour** フルデイ トゥアー	半日ツアー **half-day tour** ハーフデイ トゥアー	ガイドツアー **guided tour** ガイディッドゥ トゥアー

観光スポットを聞く

> ～を見たいのですが。
> ## I'd like to see ～.
> アイドゥ ライクトゥ スィー ～

きれいな風景	きれいな夜景
beautiful landscape ビューティフォウ ランドゥスケイプ	**beautiful night view** ビューティフォウ ナイッ ヴュー

伝統文化が残っている場所	歴史を感じさせる場所
a place of traditional culture ア プレイソヴ トラディッショナウ カルチャー	**a historical place** ア ヒストリカウ プレイス

地元の人がよく行く場所
a place where local people often go   ア プレイス ウェア ロウカウ ピーポー オッフン ゴウ

地元のイベント	お祭り	地元の市場
a local event ア ロウカウ イヴェントゥ	**a festival** ア フェスティヴァウ	**a local market** ア ロウカウ マーケットゥ

> ～を教えていただけますか？
> ## Could you tell me ～?
> クッジュー テルミー ～

おすすめの場所	人気のある場所
good places to visit グッ プレイスィズ トゥ ヴィズィットゥ	**hot spots** ハッ スポッツ

人気のあるツアー	穴場
a popular tour ア ポピュラー トゥアー	**local secrets** ロウカウ スィークレッツ

ツアーに参加する

観光する

～はありますか？
Is there ～ ?
イズ デア ～

ツアーパンフレット **a tour brochure** ア　トゥアー　ブロウシュー	～に行くツアー **a tour of ～** ア　トゥアー　オヴ ～

午前（午後 / 夜）のツアー
a(an) morning (afternoon / night) tour
ア（アン）　モーニン（アッフヌーン / ナイッ）トゥアー

日本語のパンフレット（音声ガイド）
a Japanese brochure (audio guide)
ア　ジャパニーズ　ブロウシュー（オーディオウ　ガイドゥ）

買い物（食事）する時間
time to do shopping (have a meal)
タイム　トゥ　ドゥ　ショッピン（ハヴァ　ミーウ）

～は禁止されていますか？
No ～ allowed?
ノウ ～ アラウドゥ

飲食 **drinking and eating** ドリンキン　アン　ディーティン	立ち入り **entry** エントリィ

（フラッシュ）写真撮影
(flash) photos
（フラッシュ）フォウトウズ

写真を撮ってもらえますか？　このボタンを押すだけです。
Could you take a picture?
Just push this button.
クッジュー　テイカ　ピクチャ　　ジャストゥ　プッシュ　ディス　バトゥン

出発する　移動する　泊まる　食べる　買う　見る・遊ぶ

175

「観光する」のやりとり

今日〜は開いていますか？
Is 〜 open today?
イズ　〜　オウプン　トゥデイ

〜のツアーに参加したいのですが。
I'd like to take a 〜 tour.
アイドゥ　ライクトゥ　テイカ〜　トゥアー

日本語を話せるガイドをお願いしたいのですが。
I'd like to have a Japanese speaking guide.
アイドゥ　ライクトゥ　ハヴァ　ジャパニーズ　スピーキン　ガイドゥ

集合時間と場所を教えてください。
Please tell me the meeting time and place.
プリーズ　テルミー　ダ　ミーティン　タイム　アンドゥ　プレイス

〜時に…です。
At ..., 〜.
アットゥ …　〜

写真を撮ってもいいですか？
May I take a picture?
メアイ　テイカ　ピクチャ

何時までやっていますか？
What time do you close?
ワッタイム　ドゥユー　クロウズ

あれを背景に写真を撮ってもらってもいいですか？
Could you take a picture with that in the background?
クッジュー　テイカ　ピクチャ　ウィズ　ダッティンダ　バックグラウンドゥ

観光する

休館日ですね。
It's closed.
イッツ クロウズドゥ

年中無休ですよ。
It's open every day.
イッツ オウプン エヴリ デイ

定員に達してしまいました。
It's already full.
イッツ オーレディ フウ

何名さまですか？
How many people?
ハウメニ ピーポー

受け付けは締め切りました。
Registration has closed.
レジストレイシュン ハズ クロウズドゥ

かしこまりました。
OK.
オウケイ

あいにくですが、おりません。
I'm sorry but we have no one.
アイム ソーリィ バッ ウィ ハヴ ノウ ワン

| 1 | 2 | 3 | 4 | 5 | 6 | AM |
| 7 | 8 | 9 | 10 | 11 | 12 | PM |

ええ、どうぞ。
Yes, sure.
イェッ シューア

いいえ、だめです。
No, you may not.
ノウ ユーメイ ノットゥ

フラッシュ撮影は禁止です。
OK, but no flash.
オウケイ バッ ノウ フラッシュ

〜時までです。
At 〜 .
アットゥ

もちろん。
Of course.
オフコース

どれですか？
Which one?
ウィッチ ワン

出発する / 移動する / 泊まる / 食べる / 買う / 見る・遊ぶ

「遊ぶ」の単語

遊びに行くなら、このフレーズ！

テーマパークに行きたいのですが。
I'd like to go to a theme park.
アイドゥ ライクトゥ ゴウ トゥ ア スィーム パーク

日本語	英語	カナ
アミューズメント	amusements	
テーマパーク	theme park	スィーム パーク
アトラクション	attraction	アトラクシュン
乗り物	ride	ライドゥ
ジェットコースター	roller coaster	ロウラー コウスター
絶叫マシン	scary ride	スケアリィ ライドゥ
フリーフォール	freefall	フリーフォール
セット券	combo ticket	コンボウ ティケットゥ
身長制限	height bar	ハイトゥ バー
年齢制限	age limit	エイジ リミットゥ
フリーパス	all access pass	オー ラクセス パス
ゲームセンター	amusement arcade	アミューズメン ターケイドゥ
ディスコ	disco	ディスコウ
カラオケ	karaoke	キャリオウキ
ナイトクラブ	nightclub	ナイトクラァブ
キャバレー	cabaret	キャバレイ
マジックショー	magic show	マジック ショウ
ディナーショー	dinner show	ディナー ショウ
スタジオツアー	studio tour	ストゥーディオウ トゥアー
ライブショー	live show	ライヴ ショウ
スタントショー	stunt show	スタントゥ ショウ

遊ぶ

美容 beauty

日本語	英語	発音
フェイシャルエステ	facial treatment	フェイシャゥ トリートメントゥ
フェイシャルマッサージ	facial massage	フェイシャゥ マサージ
エステサロン	beauty salon	ビューティ サロン
ネイルサロン	nail salon	ネイゥ サロン
全身マッサージ	full body massage	フゥ バディ マサージ
アロマテラピー	aromatherapy	アロウマセラピー
タラソテラピー	thalassotherapy	サラッソウセラピー
リフレクソロジー	reflexology	リフレクサロジィ
足裏マッサージ	foot massage	フットゥ マサージ

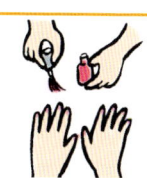

ギャンブル gaming

日本語	英語	発音
カジノ	casino	カッスィーノウ
ルーレット	roulette	ルレットゥ
賭ける	bet	ベットゥ
トランプ	cards	カーズ
ポーカー	poker	ポウカー
ブラックジャック	blackjack	ブラックジャック
もらう	hit	ヒットゥ
やめる	stand	スタンドゥ
最低賭け金	minimum bet	ミニマム ベットゥ
スロット	slot	スロットゥ

旅先で遊ぶ

〜したいのですが。
I'd like to 〜.
アイドゥ ライクトゥ 〜

繁華街に行く **go downtown** ゴウ ダウンタウン	ディナークルーズに参加する **take a dinner cruise** テイカ ディナー クルーズ
アウトレットモールに行く **go to an outlet mall** ゴウ トゥ アン アウトレットゥ モール	ワイナリーに行く **go to a winery** ゴウ トゥ ア ワイナリィ
遊覧船に乗る **take a tour boat** テイカ トゥアー ボウトゥ	馬車に乗る **ride a horse-drawn carriage** ライダ ホースドローン キャッリジ

(エステで) 〜 をお願いします。
〜, please.
〜 プリーズ

もう少しやさしく **more gently** モー ジェントリー	もう少し強く **harder** ハーダー	マニキュア **a manicure** ア マニキュー
ペディキュア **a pedicure** ア ペディキュー	フレンチネイル **a French manicure** ア フレンチ マニキュー	甘皮とり **a cuticle cut** ア キューティコウ カットゥ

リンパマッサージ **a lymphatic massage** ア リンファティック マサージ	このコース **this course** ディス コース

スポーツなどをする

遊ぶ

> ～をやってみたいのですが。
> **I'd like to try ～.**
> アイドゥ ライクトゥ トライ ～

スキューバダイビング **scuba-diving** スクーバ ダイヴィン	サーフィン **surfing** サーフィン	ボディボード **bodyboarding** ボディボーディン
シュノーケリング **snorkeling** スノーケリン	パラセーリング **parasailing** パラセイリン	
スキー **skiing** スキーイン		スノーボード **snowboarding** スノウボーディン
スケート **skating** スケイティン	乗馬 **horseback riding** ホースバック ライディン	カヤック **kayaking** カイアッキン
ヨガ **yoga** ヨウガ	川下り **rafting** ラフティン	
バンジージャンプ **bungee jumping** バンジー ジャンピン	スカイダイビング **skydiving** スカイダイヴィン	
射撃 **shooting** シューティン	ホエール・ウォッチング **whale watching** ウェイル ウォッチン	ドルフィン・ウォッチング **dolphin watching** ドーフィン ウォッチン

> ～するなら、どこがおすすめですか？
> **Where do you recommend for ～?**
> ウェア ドゥユー レコメンドゥ フォー ～

出発する | 移動する | 泊まる | 食べる | 買う | 見る・遊ぶ

181

「遊ぶ」のやりとり

どこに行けば〜できますか？
Where should I go for 〜?
ウェア　シュダイ　ゴウ　フォー　〜

エステの予約をお願いします。
I'd like to make a reservation for a beauty treatment.
アイドゥ　ライクトゥ　メイカ　レザヴェイシュン　フォー　ア　ビューティ　トリートメントゥ

（カジノで）チップに替えたいのですが。
Where can I get chips?
ウェア　キャナイ　ゲッ　チップス

〜用の道具をレンタルできますか？
Can I rent equipment for 〜?
キャナイ　レン　テクウィップメントゥ　フォー　〜

〜の体験コースはありますか？
Do you have any 〜 trial courses?
ドゥユー　ハヴ　エニイ　〜　トライアウ　コースィズ

子どもが迷子になってしまいました。
My child is lost.
マイ　チャイルドゥ　イズ　ロストゥ

特徴を教えてください。
Please tell me his/her descriptions.
プリーズ　テルミー　ヒズ/ハー　ディスクリプシュンズ

遊ぶ

~に行くといいでしょう。
You should go to ~ .
ユー シュッ ゴウ トゥ ~

紙に書いてあげましょう。
I'll write it down.
アイル ライティッ ダウン

明日ならだいじょうぶです。
Tomorrow is available.
トゥマロウ イッ ザヴェイラボウ

今日は予約がいっぱいです。
Sorry, all booked today.
ソーリィ オール ブックトゥ トゥデイ

こちらで承ります。
Here.
ヒーヤ

あちらの会計でどうぞ。
The cashier is over there, please.
ダ キャッシーア イズ オウヴァ デーア プリーズ

ええ、できますよ。
Yes, you can.
イェス ユー キャン

販売ならしています。
No, for sale only.
ノウ フォー セイル オウンリィ

あいにくですが、レンタルはしていません。
Unfortunately, you can't.
アンフォーチュネッリィ ユー キャーントゥ

ええ、参加されますか?
Yes. Will you take part?
イェス ウィルユー テイク パートゥ

いえ、ございません。
No, I'm afraid not.
ノウ アイム アフレイドゥ ナットゥ

案内所に行ってください。
Please go to the information desk.
プリーズ ゴウトゥ ディ インフォメイシュン デスク

超緊急！旅のトラブル・フレーズ集

－ 病気・けが －

① ここが痛いんです。

It hurts here.

イッ　ハーツ　ヒヤ

② 具合が悪いです。解熱剤（風邪薬）をください。

I feel sick. I need something for a fever (cold).

アイ　フィール　スィック　アイ　ニードゥ　サムスィン　フォーア　フィーヴァー（コウルドゥ）

③ 子どもが（高）熱を出しています。

My child has a (high) fever.

マイ　チャイルドゥ　ハザ（ハイ）フィーヴァー

④ この薬は子どもが飲んでも大丈夫ですか？

Can a child take this medicine?

キャン　ア　チャイルドゥ　テイク　ディス　メディスン

⑤ 診断書（処方箋）を書いてください。

Can I have a medical certificate (prescription)?

キャナイ　ハヴァ　メディカル　サーティフィケットゥ（プリスクリプシュン）

薬　p.151

⑥ 旅行保険は利きますか？

Will this be covered by travel insurance?

ウィル　ディス　ビー　カヴァードゥ　バイ　トラヴェル　インシュランス

⑦ 血液型は A / B / O / AB 型です。

My blood type is A / B / O / AB.

マイ　ブラッドゥ　タイプ　イズ　エイ / ビー / オウ / エイビー

⑧ みぞおちが痛いです。

I have a pain in the pit of my stomach.

アイ　ハヴァ　ペイン　インダ　ピットゥ　オヴ　マイ　スタマック

▶︎ 症状を伝える　p.155

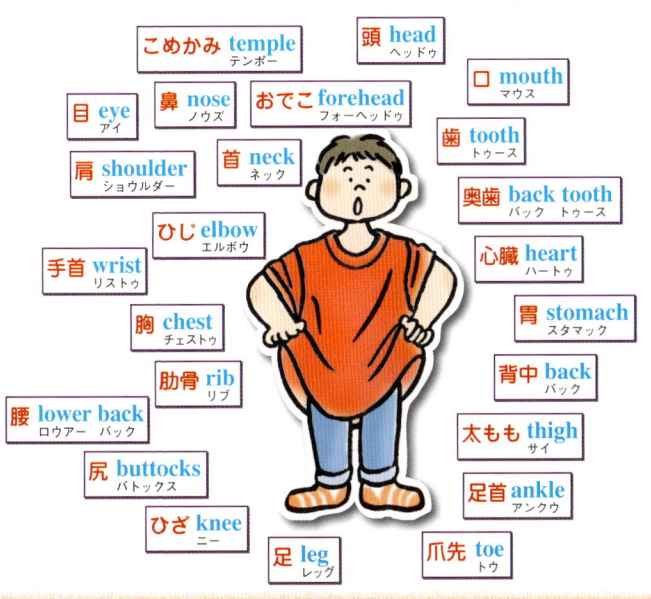

超緊急！ 旅のトラブル・フレーズ集

- こめかみ temple テンポー
- 頭 head ヘッドゥ
- 目 eye アイ
- 鼻 nose ノウズ
- おでこ forehead フォーヘッドゥ
- 口 mouth マウス
- 肩 shoulder ショウルダー
- 首 neck ネック
- 歯 tooth トゥース
- 奥歯 back tooth バック　トゥース
- ひじ elbow エルボウ
- 手首 wrist リストゥ
- 心臓 heart ハートゥ
- 胸 chest チェストゥ
- 胃 stomach スタマック
- 肋骨 rib リブ
- 背中 back バック
- 腰 lower back ロウアー　バック
- 太もも thigh サイ
- 尻 buttocks バトックス
- 足首 ankle アンクゥ
- ひざ knee ニー
- 足 leg レッグ
- 爪先 toe トウ

－ 盗難・紛失 －

⑨ カバンを盗まれました。

My bag was stolen.

マイ　バッグ　ワズ　ストゥルン

⑩ パスポートをなくしました。

I lost my passport.

アイ　ロストゥ　マイ　パスポート

⑪ タクシー（地下鉄／バス）に荷物を置き忘れました。

I left my baggage in a taxi (subway / bus).

アイ　レフトゥ　マイ　バゲッジ　イナ　タクスィ（サブウェイ／バス）

⑫ 地下鉄で札入れ（小銭入れ）をすられました。

My wallet (purse) was taken by a pickpocket in a subway / underground.

マイ　ウォレットゥ（パース）　ワズ　テイクン　バイア
ピックポキットゥ　イナ　サブウェイ／アンダーグラウンドゥ

⑬ 盗難証明書を作ってください。

Please make a police report on the theft.

プリーズ　メイカ　ポリース　リポートゥ　オンダ　セフトゥ

⑭ どうすればいいですか？
What should I do?
ワッシュダイ　ドゥ

⑮ どこに行けばいいですか？
Where should I go?
ウェア　シュダイ　ゴウ

⑯ 見つかり次第、連絡をください。
Please call me if you find it.
プリーズ　コールミー　イフユー　ファインディットゥ

⑰ 今すぐクレジットカードの使用を停止して、再発行をお願いします。
Please cancel my credit card number and reissue it now.
プリーズ　キャンスウ　マイ　クレディッ　カードゥ　ナンバー
アンドゥ　リーイシュー　イットゥ　ナウ

⑱ 日本大使館（領事館）に連れて行ってください。
Please take me to the Japanese Embassy (Consulate).
プリーズ　テイクミー　トゥダ　ジャパニーズ　エンバスィー（カンスレットゥ）

－ 犯罪・事故 －

⑲ 泥棒！
Thief!
スィーフ

⑳ だれか助けて！
Somebody help me!
サンバディ　ヘウプ　ミー

㉑ 警察を呼んで！
Call the police!
コール　ダ　ポリース

㉒ 二人組に襲われました。
I was attacked by a pair.
アイワズ　アタックトゥ　バイア　ペーア

㉓ 助けて！　主人が襲われているんです！
Help! My husband is being attacked.
ヘウプ　マイ　ハズバンドゥ　イズ　ビーイング　アタックトゥ

㉔ 事故です！

An accident has happened!

アン　ナクスィデントゥ　ハズ　ハップンドゥ

㉕ 救急車を呼んで！

Call an ambulance!

コーラン　ナンビュランス

㉖ わたしを病院に連れて行ってください。

Please take me to a hospital.

プリーズ　テイクミー　トゥ　ア　ホスピタウ

㉗ けが人がいます。応急処置をお願いします。

**We have an injured person.
Please give him/her first aid.**

ウィ　ハヴァン　ニンジュードゥ　パースン
プリーズ　ギヴ　ヒム/ハー　ファーステイドゥ

㉘ わたしの連れが車にはねられたんです。

My companion was hit by a car.

マイ　コンパニオン　ワズ　ヒッバイア　カー

− その他のトラブル −

㉙ 緊急です！
Emergency!
イマージェンスィ

㉚ 火事だ！
Fire!
ファイア

㉛ 非常口はどこ？
Where is the emergency exit?
ウェアリズ ディ イマージェンスィ エグズィットゥ

㉜ 話が違うじゃないか！
It's not what you said.
イッツ ノッ ワッチュー セッドゥ

㉝ 金返せ！
I want my money back!
アイ ウォントゥ マイ マニィ バック

㉞ いいかげんにしろ！
Enough!
イナッフ

㉟ 日本語の通じる人を呼んでください。
Please call for someone who speaks Japanese.
プリーズ　コール　フォー　サムワン　フー　スピークス　ジャパニーズ

㊱ すみません、英語がわからないんです。
Sorry, I don't understand English.
ソーリィ　アイ　ドン　タンダースタン　ディングリッシュ

㊲ やめろ！
Stop it!
スタッ　ピットゥ

㊳ はなせ！
Let me go!
レッミー　ゴウ

㊴ いらないったら！
I don't want it.
アイ　ドン　ウォニットゥ

㊵ わたしじゃありません！
It wasn't me!
イッ　ワズントゥ　ミー

超緊急！ 旅のトラブル・フレーズ集

■ **編者プロフィール**

WIT HOUSE（ウィットハウス）

一般向け英会話教材、TOEIC、TOEFL対策教材から、幼児・小学生・中学生用の英語教材まで、英語教材全般の企画、原稿執筆、編集、CD／DVD制作を行う編集プロダクション。1990年創立。一般書籍教材のほか、企業研修用英語教材、通信教育用英語教材など幅広いジャンルで英語教材の制作を行っている。編著に『新TOEIC® テスト 実戦模試3回分』『CD4枚付 英会話パーフェクト辞典』（ともに成美堂出版）、『まるごと使える！日常英会話辞典』（高橋書店）、『週刊コメディドラマでENGLISH』（デアゴスティーニ・ジャパン）などがある。

■ **スタッフ**

英文校閲	Suzy Hori
本文デザイン／DTP	榊デザインオフィス
イラスト	ひろせさかえ　http://sakaehirose.com
写真	Fotolia

わかる、伝わる旅コトバ帳 英語

編　者	WIT HOUSE（ウィットハウス）
発行者	深見公子
発行所	成美堂出版
	〒162-8445　東京都新宿区新小川町1-7
	電話(03)5206-8151　FAX(03)5206-8159
印　刷	株式会社フクイン

©SEIBIDO SHUPPAN 2011　PRINTED IN JAPAN
ISBN978-4-415-31091-6

落丁・乱丁などの不良本はお取り替えします
定価はカバーに表示してあります

- 本書および本書の付属物を無断で複写、複製（コピー）、引用することは著作権法上での例外を除き禁じられています。また代行業者等の第三者に依頼してスキャンやデジタル化することは、たとえ個人や家庭内の利用であっても一切認められておりません。